꽃그늘에 숨어
　　얼굴을 붉히다

수필세계 작가선 | 033

꽃그늘에 숨어
얼굴을 붉히다

홍억선 수필집

수필세계사

● 책 머리에

계륵 같은 글

참 오랫동안 글 속에 묻혀 지냈다. 세상에 재미나는 것들은 다 피하고 머리에 쥐가 나는 글에 매달려 살았으니 딱한 세월이었다.

내가 이렇게 글을 가까이 하게 된 것은 가친의 영향이 컸다. 꿈을 펴기 위해 도시에 나가 학업을 이어가던 가치우 건강 문제로 한순간에 낙향하였고, 그 미련을 아들에게 집중하였다. 걸음마를 겨우 뗀 나에게 천자문을 가르치고, 서당에 보내 계몽편, 동몽선습, 명심보감을 익히게 했다. 그것을 밑천으로 하여 나는 학교에 들어가자마자 제법 규모가 큰 백일장에 나가 상을 받았다. 그때 심사를 하고 시상을 한 분이 동리, 목월 선생이었다.

용기와 격려를 받은 나는 그 후로 문예부원이 되었고, 백일장 선수가 되었다. 중학교 때도 문예부였고, 고등학교 때도 문예부였다. 대학 진학도 망설이지 않고 글을 쓴다는 국문학과에 들어갔다. 끼리끼리 모여 시화전을 열고 동인지를 만들고 자칭 문청이 되어 어지간히 돌아다녔다.

　우선 먹고 살아야 했기에 교직의 길에 들어섰고, 한동안 문단의 변두리에서 어슬렁거리다가 90년대 초에 어떻게 하여 수필에 이름을 올렸다. 하지만 작품 활동에 매진할 겨를도 없이 강단에 불려나가 수필 수업을 하는 사람이 되어 버렸다. 강의를 하다 보니 교재로 쓰기 위해 수필문예지를 만들게 되었고, 문예지를 만들다 보니 사람이 모이고 책들이 쌓여 문학관을 짓는 일에 힘을 빼게 되었다. 어떻게 보면 지난 이십 수 년 동안은 글 쓰는 작가가 아니라 수필 운동가 같은 생활이었다.

　내 삶은 굴곡 없이 그냥저냥 무사 평탄하였다. 지금까지도 '군자삼락'을 누리고 있으니 이 얼마나 큰 복인가. 인생길에서 부침이 크지 않았다는 것은 누구에게나 다행스러운 일이나 글쟁이에게는 웅숭깊은 글이 없다는 핑계가 되기도 한다. 그러기에 내 글은 얕고 가볍다. 유치한 낭만기도 남아 있다. 다만 '다른 글과는 다른 형식, 다른 내용으로 재미있게 써 보자' 하는 노력은 있었던 것 같다.

　묵은 글들을 버릴 수가 없기에 이렇게 책으로 엮기는 하였으나 계륵 같은 처지의 글임을 미리 고백해 둔다.

2016년 입동 무렵
도정道井

차례

제1부
뫼비우스의 띠

어느 패장을 위한 변명 13
참회 16
안민가 20
리허설 24
뫼비우스의 띠 28
삶의 징검다리에서 31
졸업 35
불편한 동침 39
도찐개찐 43
각인 47

제2부
아름다운 소유

나는 나를 모른다 55
꽃그늘에 숨어 얼굴을 붉히다 59
아름다운 소유 67
미안하지 않다 70
청마의 쾌족 74
순진한 생각 78
나는 부자다 82
이월의 끝자락 86
프로는 다르다 90
이렇게 사는구나 93

제3부
칼의 몰락

화령별곡 99
꽃재할매 104
목욕탕에서 108
나무 구경 112
지동댁 정초 일기초 116
칼의 몰락 119
통영 122
아루스 사랑 125
실에 대하여 128
물신 132

제4부
다시 임하 생각

백산白山 선생 137
어느 수필가와의 이별 141
부부 145
다시 임하 생각 149
희생화 154
2인 운동회·1 158
2인 운동회·2 160
중심이 그립다 167
곧은 정신과 열정 그리고 겸손 168
수필발전소를 꿈꾸며 175

작품론 박양근 179

제1부
뫼비우스의 띠

어느 패장을 위한 변명
참회
안민가
리허설
뫼비우스 띠
삶의 징검다리에서
졸업
불편한 동침
도찐개찐
각인

 그는 아무런 기록을 남기지 못하였다. 아마 그가 후세에 전해진 그의 처지를 알게 된다면 스스로 한 줄 글을 남기지 않은 것에 대해 땅을 칠 것이다. 기록은 시공을 초월하여 개인과 사회의 실존을 확인케 한다. 글로써 스스로를 남기지 않으면 훗날 변명의 기회조차 없음을 패장은 깨우치고 있다.

어느 패장을 위한 변명

　역사 드라마 '불멸의 이순신'은 결말을 향해 가쁜 숨을 몰아가고 있다. 칠천량 해전에서 원균이 대패한 후 지난 주말에는 백의종군하던 이순신이 통제사로 복귀하여 명량대첩을 승리로 이끌었다. "신에게는 아직 열 두 척의 배가 있사옵니다." 라는 명언과 함께 열 배가 넘는 왜선을 격파해 나갈 때 시청자들은 통쾌한 감동으로 전율을 느꼈을 것이다. 이처럼 이순신이 한 사람의 명장을 넘어 성웅으로 추앙받게 된 데에는 그의 비범함과 아울러 기록의 승리라는 평가가 많다.
　선조실록에 따르면 전란이 끝난 후의 전공 심사에서 이순신과, 권율 그리고 원균은 나란히 선무공신 일등급에 책봉

된다. 이순신과 원균이 동일한 녹훈에 올랐다는 뜻밖의 사실은 선조시대의 정치적 역학 관계를 고려한다 해도 여러 가지를 생각하게 한다.

사실 이순신은 두 번의 백의종군에서도 나타났듯이 당시에는 일신이 무척 고단했으리라 여겨진다. 그럼에도 이를 거뜬히 극복하고 우리 민족의 위기관리능력을 가장 강렬하게 보여준 영웅으로 탄생하게 된 데에는 그가 남긴 '난중일기'의 힘이 컸다고 여겨진다.

다시 말해 승리한 영웅의 기록물은 시대의 격변기 때마다 그를 헌창하는 사업에 중요한 대본으로 사용되었다고 하겠다. 일테면 조선말 꺼져가는 민족혼을 부활시키기 위해 단재 선생에 의해 불려나온 분도 이순신이요, 제3공화국이 시작되면서 강력한 리더십을 앞세울 필요가 있을 때도 이순신은 국가 지도자의 표상이 되었다. 이를 위해 난중일기는 늘 뒤를 받쳐주는 증거가 되었다.

이에 비해 패장 원균은 어떠했을까. 애초에 그가 이순신에게 견줄 만한 인물이 못 되었다 하더라도 삼도수군을 통치하였다면 범상치 않은 맹장이었음은 사실인 것 같다. 어쩌면 스타일의 차이가 후일에 두 인물의 평가를 대척점에 놓이게 한 것은 아닌가 하는 생각을 해본다.

그는 하루하루의 전황을 낱낱이 기록하고, 틈틈이 붓끝에

정을 묻혀 가족의 안위를 묻는 서한을 보내는 일은 전란 중의 호쾌한 대장수가 할 일이 아니라고 여겼음이 틀림없다. 오히려 그 시간에 수하들과 술잔을 기울이며 전승을 자축하거나 아니면 내일의 승리를 독려하는 것이 장수의 본분이라고 믿었던 것인지도 모른다.

또한 그 역시 일국의 수장으로서 누란의 국가를 구출하는 데 나태하지는 않았을 것이다. 목숨을 내걸고서라도 이기고 싶었을 테고, 불멸의 공을 세워 영웅이 되고자 했을 것이다. 그리하여 깊은 밤에는 수루에 홀로 앉아 우국의 탄식을 수없이 읊조렸을 것이고, 적진을 향해 돌진할 때는 후세에 길이 남을 명언들을 누구보다도 많이 쏟아내었을 것이다.

하지만 그는 아무런 기록을 남기지 못하였다. 아마 그가 후세에 전해진 그의 처지를 알게 된다면 스스로 한 줄의 글을 남기지 않은 것에 대해 땅을 칠 것이다.

기록은 시공을 초월하여 개인과 사회의 실존을 확인케 한다. 글로써 스스로를 남기지 않으면 훗날 변명의 기회조차 없음을 패장은 깨우치고 있다.

참회

 이십대의 풋풋한 얼굴로 교직에 발을 들여놓은 지 어언 삼십수 년이 지났다. 무정한 게 세월이리 그 많던 머리숱은 듬성듬성 빠져서 속알머리가 훤하고, 거기에다 서리마저 분분하게 내려서 추레한 모습을 감출 길 없다. 다행스럽게도 천운의 도움인지 조상의 음덕인지 그리 대과없이 이 생활도 마무리를 앞두게 되어 감사할 따름이다. 하지만 급히 먹고 체한 것처럼 명치끝에는 젊은 날에 지었던 죄업이 무거운 납덩이로 걸려 있어 이날까지 내 속을 부끄럽게 하고 있다.
 지금이야 웃을 일이지만 옛날에는 선생의 능력을 '청출납'이라는 것으로 평가한 학교가 제법 있었다. '청출납'은 청소와 출석, 납부금을 줄여서 이르는 말로서 이 세 가지 지도실적을 중심으로 선생의 유무능을 평가하여 시상도 하고 질책도 하였던 것이다.

　내가 근무한 도시 인근의 고등학교도 그러했다. 머리가 훌떡 벗겨진 교감 선생은 검은 장부를 옆구리에 끼고 수시로 교실을 순회하여 청소상태를 점검하고, 출석부를 뒤지고, 서무과에 들락거리며 납입금을 확인해서 가로세로 빽빽하게 적은 통계표로 선생들의 순위를 정하였다. 그리고 매달 초 직원회의에서 지난달의 우수 교사를 호명하여 시상을 하였는데 부상으로 남교사에게는 신사양말 한 켤레, 여교사에게는 스타킹 한 조가 수여 되었다.

　새내기 신참이었던 나는 그 저급한 경쟁배틀에 승부욕이 발동하였다. 그리하여 아침저녁으로 아이들을 유리창에 붙여 뽀드득 소리가 나도록 닦도록 해서 근엄한 교감 선생을 흐뭇하게 해드렸다. 특히나 결석을 없애기 위한 노력은 처절하였다.

　당시 시골학교에서는 모심기나 보리베기 철이 되면 학교에 나오지 않는 아이들이 수두룩했지만 학습권을 앞세워 예외를 허용하지 않았다. 한번은 맹장수술을 받고 병원에 누워 있는 학생을 택시로 데려와서 되돌려 보낸 적도 있었다. 그 결과 책상 위에는 꿀난 신사양말이 훈장처럼 쌓였고, 그 해 말에는 학급 출석 백프로라는 대업까지 달성하였다.

돌이켜 생각해 보면 그걸 자랑으로 생각하고, 능력으로 여겼으니 아무리 철이 없던 시절이라 해도 쥐구멍이라도 파고들어 낯짝을 가리고 싶은 심정이다.

그 다음해도 우수교사로서 항해는 순조로웠다. 문제는 여름방학을 마치고 난 뒤 개학날이었다. 한 학생이 나오지 않은 것이었다. 초조한 마음에 동네 아이들에게 수소문하였더니 아프다는 전언이었다.

그날 퇴근길에 자전거를 타고 이십 리 길을 찾아 나섰다. 아이는 초점 없는 눈으로 나를 바라보며, "선생님, 둥둥 떠내려갔어요. 둥둥 떠내려갔어요."를 연발했다. 무슨 말인가 하여 사연을 들은 즉, 큰 비가 오고 난 뒤 동네 형과 소꼴을 베러 나갔다가 그 형이 강물에 휩쓸려 떠내려가서 숙었다고 했다. 그 충격으로 아이의 넋이 나간 것이었다.

아이는 다음날도 그 다음날도 나오지 않았다. 나는 아이의 건강보다 무결석이 깨진 것이 아쉬웠고, 학급의 결석 일수가 많아지는 것이 애가 탔다.

일주일이 되던 날, 다시 아이의 집을 찾았다. 논에서 일을 하다가 나왔다는 늙은 아버지는 물이 뚝뚝 떨어지는 삼베바지 차림으로 내가 내미는 종이를 받아들었다. 어떻게 한 달쯤 쉬도록 해 주실 수 없겠느냐고 간절하게 물었지만 나는 싸늘하게 손도장을 찍을 자리를 가리켰다.

아이는 다음 해도 그 다음 해에도 학교로 돌아오지 못했다. 치료가 여의치 않아 이 병원 저 병원 다닌다는 연락을 받았고, 몇 년 뒤에는 젊은 나이로 세상을 버렸다는 희미한 소식을 전해 들었다. 그 뒤로 나는 한없는 죄책감에 시달렸다. 그때 왜 넓은 마음으로 따뜻하게 품어서 데려오지 못했던가, 그때 조금만 더 기다렸으면 좋았을 걸 하는 뒤늦은 후회요, 반성이었다.

통절한 참회에도 불구하고 그 부끄러운 기억은 조금도 퇴색되지 않고, 세월이 갈수록 오히려 선명하게 마음속에 각인되었다. 그리고는 이날까지 선생으로서 가야 할 길을 헤맬 때마다 불쑥불쑥 떠올라 반면 지침이 되곤 했다. 두 번 다시는 그런 조잡한 욕망에 사로잡히지 말라는 응분의 보복 같은 것으로 나를 옥죄어 왔다.

안민가安民歌

 구월하고도 구일은 양陽이 겹치는 중양절重陽節이라 이때는 산등성이에 올라 배불리 먹고, 시를 지어 국태민안을 노래하는 풍습이 있었다.
 이에 오늘 벽촌의 우부愚夫는 잡았던 쇠스랑을 잠시 던져두고 귀정대歸正臺에 오른다. 봉두에 급히 올라 국화주 한 잔 부어 장쾌한 휘파람을 뽐내려 하였더니 시절은 이미 깊어 쇠잔한 초목들은 스산한 바람으로 소매 끝에 펄럭이고, 두고 온 세상의 풍진이 저만치 쫓아와 사방을 흐리운다.
 수상하다, 참으로 수상하다. 촌부가 어찌 그 까닭을 헤아릴까마는 도처에 자욱한 탄식이 수상하다. 사람 끓는 세상이야 무시로 혼탁한 법이나 이처럼 흉흉한 건 본체가 아닐

것이다. 눈을 들어 앞을 보면 수천 가닥의 갈등이 어느 시궁창으로 뻗었는지 시종을 알 수 없고, 눈을 돌려 뒤를 보면 갈라지고 흩어지고 갈기갈기 찢어져 편작이 온다한들 미어진 가슴들을 꿰맬 수 있을 것인가.

  모두가 같지 않은 탓이다. 君이 君 같지 않음이요, 臣이 臣 같지 않음이요, 民이 民 같지 않음이다. 君은 아비라 하였으니 民이 君을 세웠으면 지엄하게 자중하여 일월처럼 광명을 쏟아야 하거늘 얕은 입이 열릴 때마다 비바람이 몰아쳐 배가 산에 걸리고, 뒷골목에선 멱살잡이로 굳은 땅이 허물어져 산 자가 떼를 지어 맨땅에 머리를 박는가 하면 심란한 자들은 철새처럼 이 땅을 떠나간다.

  臣은 어미라 하여 君이 臣에게 명을 주었으면 오매불망 民의 위무에 골몰해야 하거늘 빈한했던 구원舊怨에 목이 말라 오만하게 다리를 꼬고 방자하게 수염을 매만지며 들개처럼 어슬렁거리니 어찌 君의 덕을 돕고 民의 이익을 도모한다 하겠는가.

  民은 어린아이라 하여 자주 가련하다는 소리를 듣긴 하나 民도 民 같지 아니하다. 민복民福은 상현달과 같아서 은근히 배가 불러오고 등겨불로 온돌방을 데우듯 서서히 등이 따사로워지는 법인데 당장에 한술 밥을 찾겠다고 너 나 없이 독기를 품고 창칼을 앞세워 죽기로 덤비니 살자고 하는 일이

안민가

죽자고 하는 일과 무엇이 다르랴. 배가 고파 고기를 얻자 하면 그물 끝을 나눠 잡고 물속이 명징하도록 버틸 일이지 서로가 발길질로 바탕을 흐려놓고 험담부터 일삼으니 이보다 더한 자중지란이 어디에 있을까.

참으로 가관이다. 풍랑 만난 배는 갈 길이 천만 리인데, 꺾어진 돛대에 노도 잃고 닻도 끊어지고 물결은 드높아 안개 뒤섞여 날은 거머둑 어두워지는데, 사방에서는 왜족, 한족, 양족들이 손을 들어 업신여기며 호시탐탐 목줄기를 노리는데, 君과 臣과 民의 짓이 가관이다.

애초에 君을 세울 때 그 깜냥을 모르는 이 없었거늘 무변광대한 능력을 바랐을까. 다만 환술 같은 바람이 구태를 날리고 民의 어깨를 감동으로 안아줄 자를 택하였으되 이제 와서 그 뜻을 외면하니 가슴 치는 사람만 늘어갈 뿐이다.

역천자逆天者는 망亡하고 순천자順天者는 흥興한다 하였음은 순리를 두고 이름이다. 자고로 만사가 순리에서 벗어난 적이 있었던가. 어리석은 촌부도 비가 오면 전답의 물꼬를 틀 줄 알고 날이 마르면 둑을 막아 물을 가둘 줄 안다. 바야흐로 君은 이 난국의 중심에 서서 옷고름을 풀어헤치고 가난한 가슴을 갈라 보여 民으로부터 눈물을 구할 때다. 君이 君답지 못하고 臣이 臣답지 못하면 때로는 民이 어버이가 되어 한없이 가엾다 여기고 무리를 지어 힘을 보태주는 예가 있다. 대명천지 꼼수 위에 민심이 있거늘 아집으로 이를 악물고 民을 대적함은 어리석은 역다. 작금의 이 난국을 넘기지 못한다면 공도동망共倒同亡 외길뿐이지 따로 살고 죽는 길이 없을 터이다.

부디 君은 君답고 臣은 臣답고 民은 民다워서 귀정대歸正臺에 함께 올라 국화주를 높이 들고 격양가 장단에 허벅지를 두드리며 흥에 취할 날을 고대한다.

리허설

 장사익이라는 소리꾼이 있다. 소리를 잘 한다고 널리 알려진 가수다. 언제였던가, 민박지에서나마 그를 본 적이 있다. 어느 소도시의 축제행사로 기억되는데 그는 노래를 부르러 왔고, 나는 백일장을 주관하던 터였다. 백일장 행사라는 것이 무료하게 기다리는 시간이 많기에 어슬렁거리던 나의 걸음은 공연장에 이르게 되었고, 그는 마침 리허설에 열중하고 있었다. 가수는 으레 쫓기듯 무대에 불려나와 숨을 고르기도 전에 한두 곡 부르고는 잽싸게 사라지는 사람쯤으로 여겨왔던 나로서는 몇 시간 전부터 목을 푸는 그의 리허설이 생경하였다.
 오래 뜸을 들이며 어슬렁거리던 그가 목청을 뽑기 시작

하였다. 국밥집에서 노인네가 어쩌고저쩌고 하는 노래였는데 중간에 허벅지를 '타탁' 하고 치는 대목이 있는가 하면, 뒤에서 코러스를 넣어 흥을 돋우는 부분도 있었다. 노래는 중반을 지나 그가 목을 뒤로 꺾으면서 절정으로 치닫고 있었다.

50여 명이 족히 넘을 국악 반주자들도 저마다 활을 밀어 냈다가 당기는가 하면, 양 볼이 불룩하도록 바람 소리를 만들고, 또 줄을 퉁기는 등 그야말로 무대가 출렁출렁거릴 때 갑자기 모든 것이 정지되었다. 그가 소리를 멈춘 것이다. 큰 북이 두두둥 두두둥 소리를 몰아가다가 종내에 '타탕!' 하는 소리와 함께 일순간 정적이 오고 뒤이어 어느 연주자의 '허크!' 하는 추임새가 터져나와야 하는데 박자가 어긋났던 모양이다. 노래는 그 대목을 넘기지 못하고 몇 번이나 되풀이되었다.

사실, 그 어긋남도 옆에서 듣기에는 영문을 모를 만큼 미세했건만 노래는 조금도 앞으로 나아가지 못하였다. 그는 그렇게까지 할 필요가 있을까 할 정도로 그 대목에 집착하고 있었다. 나는 조바심이 났다. 반주를 맡고 있는 연주자들도 어디 보통 사람들인가? 모두가 그 분야에서 내로라하는 자들이요, 그 어려운 오디션을 거쳐 선발된 된 도립국악단이 아니던가.

입구에는 사람들이 하나 둘씩 들어오기 시작했다. 관중들은 아침나절부터 닷새 장을 한 순배 돌고 왔는지 몇 잔의 약주로 이미 얼굴이 반쯤 익은 노인네들이거나 흘러내리는 치마를 주체 못해 수건으로 허리를 질끈 동여맨 아낙네들이 대부분이었다. 사실 연주에 초대된 청중이라기보다는 장날이라 나온 뜨내기 구경꾼들이 많았다. 어쨌거나 그는 예술을 위해 온 숨을 끌어올렸다가 토해내며 리허설에 몰입했다.

그날 나는 스스로의 부끄러움을 억누르기 위해 애를 썼다. 사실 나는 어줍게도 여러 해 동안 문학강좌를 열고 창작지도라는 걸 해오던 중이었다. 생각해 보면 가소롭기 짝이 없는 누릇이었다. 무엇을 안다고 남의 앞에 서서 짧은 혀를 나불댔던 것일까. 문단 주변을 얼쩡거리는 얕은꾀를 밑천 삼아, 아니면 문학을 전공했다는 서푼어치의 깜냥으로 구변을 일삼지 않았던가. 그러니까 내가 지금 까막눈이라도 면했다는 소리를 듣게 된다면 아마 그 날의 리허설을 보고 난 뒤의 자책이 한몫을 보태었을 것이다.

그 후로부터 나는 글에 욕심을 부리기 시작하였다. 나에게 넘어온 글은 적어도 대여섯 번씩은 반드시 읽자고 하였고, 더러 문맥을 잡을 수 없는 비문 투성이의 글은 열 번도 더 읽자고 하였다. 손에 잡은 글이 외울 정도가 되고 문장 한 줄, 부호 하나의 의미가 글쓴이보다 더 생생하게 느껴질 때가 되어서야 글쓴이의 옆구리를 찔러 귀띔을 하였다. 그들은 화색이 도는 얼굴로 손뼉을 치며 나를 치켜세웠다. 어떻게 보면 참으로 고단한 일이었다. 이런 고달픈 내막을 아는 이가 하루는 "굳이 그렇게까지 할 필요가 있느냐?"고 했다.

나는 당황했다. 그러나 곧장 노랫가락 한 대목을 부여잡고 몇 번이나 되풀이하던 소리꾼의 리허설이 떠올랐다. 물론 '그렇게까지 할 필요가 없는 것에 집착하는 것'은 스스로 에고적인 과욕이요 만용일지도 모른다. 그렇지만 '그렇게까지 할 필요가 없는 것을 굳이 고집하는 것'이 예술이요, 소리라고 그는 확신하였던 것이 아닐까. 그러기에 나도 '그렇게까지 할 필요가 없는 것을 그렇게 하는 것'이 문학인가 여겨 여태 그의 리허설을 흉내내고 있는지도 모르겠다.

뫼비우스의 띠

"두 사람이 굴뚝 청소를 했다. 한 사람은 얼굴이 새까맣게 되어 내려왔고, 또 한 사람은 그을음을 전혀 묻히지 않은 깨끗한 얼굴로 내려왔다. 어느 쪽의 사람이 얼굴을 씻을 것이라고 생각하는가?"

"얼굴이 더러운 사람이 씻을 것입니다."

"아니다. 그렇지가 않다."

"왜 그렇습니까?"

"얼굴이 더러운 사람은 깨끗한 사람의 얼굴을 보고 자기도 깨끗하다고 생각한다. 이와 반대로 깨끗한 얼굴을 한 사람은 상대방의 더러운 얼굴을 보고 자기도 더럽다고 생각할 것이다."

"한 번 더 묻겠다. 두 사람이 굴뚝 청소를 했다. 한 사람은 얼굴이 새까맣게 돼 내려왔고, 또 한 사람은 그을음을 전혀 묻히지 않은 깨끗한 얼굴로 내려왔다. 어느 쪽의 사람이 얼굴을 씻을 것이라고 생각하는가?"

"이미 답을 알고 있습니다. 얼굴이 깨끗한 사람이 씻을 것입니다."

"아니다. 그렇지 않다."

"왜 그렇습니까?"

"두 사람이 함께 똑같은 굴뚝을 청소했다. 따라서 한 사람의 얼굴이 더러운데 다른 한 사람의 얼굴이 깨끗하다는 것은 있을 수가 없다. 두 사람 모두 똑같다."

'뫼비우스의 띠'에 나오는 대화다. 평면인 종이를 길쭉하게 오려서 양끝을 맞붙이면 안면 겉면으로 나누어지는 둥그런 띠가 된다. 그런데 종이를 한 번 꼬아서 양끝을 이으면 안과 겉이 구분되지 않고 돌고 도는 뫼비우스의 띠가 만들어진다.

세간에는 지금 이 뫼비우스의 띠를 닮은 묘한 일들이 튀어나와 난리법석이다. 어리석은 우리들이야 그 내막을 알 길 없겠으나 돌아가는 꼴을 지켜보면 잘 먹고, 잘 살고, 잘 나가는 사람들에게는 세상 이치가 따로 있는 듯싶다.

안은 안이고, 겉은 겉이라는 상식이 아니라, 안이면서 겉이요, 겉이면서 안이 되는 이치, 선이 악이요, 악이 곧 선이 되는 이 기묘한 논리야말로 그 놈이나 저 놈이나 다 같다는 굴뚝 속의 법칙이 아니겠는가.

가만히 생각해 보면 뫼비우스 띠 속의 주인공들도 모두 한 세상을 휘어잡고 있는 인물일 터이니 어쩌면 뫼비우스 띠는 이런 이치를 일찍 터득한 시대의 앞잡이들의 놀잇감인지도 모르겠다. 바야흐로 우리는 혼돈의 시대에 살고 있다.

삶의 징검다리에서

 지난 주말, 글을 쓰는 P선생의 출판기념회가 있었다. 평소 친분이 있는 선배이기도 하고, 첫 작품집을 묶었다기에 반가운 걸음으로 행사장을 찾았다.
 서둘러 도착한 탓인지 식장에는 몇몇 사람만 눈에 띌 뿐 한산한 편이어서 미리 나누어 놓은 책을 훑어보며 시간을 보내기로 했다. 예정 시간이 넘도록 사람들이 별반 모여들지 않자 모두들 주말의 복잡한 교통 문제를 화제로 삼아 잠시 담소를 나누었다.
 후딱 반시간이 지나갔다. 그래도 사람 수는 늘지 않는 눈치였다. 백여 명이 넘을 것으로 생각하고 준비한 자리에 고작 스물대여섯이 앉았으니 딱한 노릇이었다. 사람들은 무슨 이런 일도 있을까 하는 표정으로 서성거리며 오히려 행사를 주관하는 사람보다 더 초조해 하였다. 결국 한 시간이 지나고서야 썰렁한 빈자리 속에서 행사가 시작되었다.

사회자의 소개를 받은 P선생은 오히려 담담한 어조로 인사말을 이어 갔다. 자신이 잘못 살아온 것 같아 무척 부끄럽다고 했다. 나름대로 열심히 살아온 모습을 가까운 분들에게 보여 주고 싶었는데 그게 아니었던 것 같다고 했다. 소중한 것은 잃어버리고 껍데기만 덜렁 내놓게 되었으니 무슨 낯이 있겠느냐고도 했다.

그래서 오늘은 해놓은 일을 자랑하는 기념회가 아니라 자신의 삶을 더듬어 보고, 정리해 보는 날로 생각하겠다고 했다. 하지만 몇 분 되지는 않지만 아직도 자기 곁에 이렇게 든든한 후원자들이 있으니 앞날이 암담하지는 않겠다며 우스갯소리로 마무리 인사를 했다.

그의 진솔한 표정에 동화된 우리들은 뜨거운 박수로써 격려를 보냈다. 행사장의 분위기는 어느 출판기념회보다도 따뜻했으며, 그날 늦도록 인생과 문학에 관한 토론이 이어졌음은 말할 필요가 없겠다.

어느 대학 총장 선거 때 일이었다. 학교 구성원들의 손으로 선출하는 직선제 총장이기에 경륜이 있는 교수들은 타천

지천으로 입후보에 관심을 두기 마련이었다.

　A교수가 출마를 선언하자 측근들과 제자들은 기를 쓰고 말렸다. 학식으로 본다면야 이름이 영 없는 것도 아니었으나 도무지 자리에 어울리는 인품이 아니었기 때문이다. 평소의 행적으로 보아 그를 신뢰하고 표를 줄 사람이 그리 많지 않을 것이라는 게 대부분의 생각들이었다.

　그러나 그는 막무가내로 이번 선거는 가장 유력한 자와 자기와의 양파전이 될 것이며, 이 사람, 저 사람을 꼽아 보니 분명 내 쪽에 승산이 있다는 것이었다. 측근들은 속으로 혀를 차면서도 너무 말리는 것도 오해를 사는 일이라 본인의 뜻대로 내버려두었다.

　결과는 예상한 대로였다. 아니 끔찍한 패배였다. 두 사람의 경쟁은커녕 적게 표를 얻은 사람의 뒤에도 훨씬 미치지 못하는 꼴찌 중의 꼴찌였다. 고개를 들지 못할 평가였.

　다음 전공 학회가 열렸을 때 사람들은 그가 남 보기 부끄러워서라도 당분간은 모임에 출입하지 않을 것이라고 생각했다. 하지만 뜻밖에도 A교수는 가장 먼저 모임에 나와 만나는 사람마다에게 정색을 하며 투정을 부렸다고 한다. '사람들이 그럴 수가 있느냐' 면서.

　우리는 긴 인생의 여정을 지나면서 한 번쯤 자신이 어디까지 와 있으며, 어떤 모습으로 서 있는가 되돌아보곤 한다. 그래서 P선생처럼 글을 쓰는 사람은 책을 묶어내기도 하고, A교수 같은 사람은 남들 앞에 나서서 자기 자신의 존재를 내세워 보기도 한다.

목숨이 끝나는 순간까지도 완성될 수 없는 존재가 인간이기에 삶의 징검다리를 건너는 우리들의 모습은 항상 불완전할 수밖에 없다. 그럼에도 P선생처럼 자신의 부끄러운 모습을 기꺼이 수용하고 애써 바로잡으려는 사람을 보면 우리는 그의 미래를 위해 박수를 아낄 수가 없다. 이와는 달리 A교수처럼 아집, 변명으로 일관하면서 자신의 일그러진 모습을 인정하지 않으려는 사람을 만나면, 그를 지탄하기에 앞서 보는 것조차 민망스러워진다.

일일삼성一日三省이라 하듯 스스로의 모습을 되돌아보는 기회는 많을수록 좋다. 그런 기회를 통해 자신의 모습을 바로 깨닫는 작업이야말로 삶의 징검다리를 건너는 우리에게 더더욱 소중한 일이다.

졸업

아들은 서울로 가겠다고 했다. 두어 학기 졸업을 미루면서 취업 준비를 했건만 여의치 않았던지 무작정 올라가 보겠다고 했다. 아직은 바람 끝이 매섭다고, 앞산마루에 잔설이 저렇게 남았다며 아내는 짐을 싸면서 눈물을 찍어냈다. 나 역시 무연한 척 짐짝 하나를 받아 들고 문을 나섰다.

아들은 그저 평범한 학생이었다. 초등학교에 다닐 때도, 중고등학교에서도 딱히 앞서거나 뒤처지지 않는 보통의 아이였다. 대학교 진학할 때는 수출로 먹고사는 좁은 나라에 산다면서 중간 정도는 되는 지방 대학의 무역학과를 선택했었다. 남들이 가는 군에도 다녀오고, 전공 프로젝트에 참여하여 스펙을 쌓는다며 요란을 떨기도 했었다. 그런 아들이 졸업을 하면서 밥벌이할 곳을 못 찾아 저렇게 기가 죽었다.

내가 근무하는 학교에서는 퇴직하는 선생님을 대신할 기간제 교사 한 사람을 초빙했다. 공고가 나간 지 사나흘 만에 백 통 가까이 이력서가 쌓이는 것을 보고 적잖게 놀랐다. 어떻게 보고 듣고 알았는지 구석구석에서 지원서가 뭉텅이로 몰려왔다. 그들의 이력서를 하나하나 들춰보면서 또 한 번 놀랐다. 첨부한 고등학교 때의 학생부에는 대부분 우수수한 성적들이 나보란 듯이 오뚝 서서 자랑들을 하고 있었다. 교과목이 외국어라서 그러했겠지만 어학연수는 기본이었고, 외국어검증 성적도 보통 8~900점대였다. 거기다가 전공과 관련 없는 국가자격증도 한두 개쯤 들어 있었다.

A4용지 두어 장에 적어놓은 자기 소개서에는 지금까지 배우고 익힌 것을 여한 없이 써먹어 보겠다는 의지가 전방을 주시하는 전투병의 눈처럼 종이를 뚫었다. 계약직 한 자리를 두고 이렇게 우수한 인재들이 모여들고 그중에서 한 사람을 선택해야 하는 것이 아깝고 서글펐다.

오래전에 '졸업'이라는 영화가 있었다. 더스틴 호프만을 대스타로 만든 이 영화는 미국에서 60년대 말에 제작되었으나 그때 우리나라에서는 받아들이기 어려운 윤리적 정서 때문에 20년이 지나고 나서야 겨우 극장에서 구경할 수 있었던 영화다. 교문을 나서는 젊은이들의 미래에 대한 기대와

불안, 방황 그리고 사랑의 메시지가 잘 버무려져 당시의 관객들에게 폭발적인 호응을 받았었다.

이 영화는 짜임새 있는 스토리 못지않게 세기의 듀엣 사이먼과 가펑클의 배경음악이 유명세를 타 '침묵의 소리 (The sounds of silence), 스카브루 페어(Scarborough Fair) 등의 노래는 지금까지도 중년들의 가슴에 깊은 여운으로 남아 있다. 특히 라스트 신에서 남자 주인공이 결혼식장에 뛰어들어 연인의 손을 잡고 뛰쳐나오는 장면은 새 세상을 향해 모험을 감행하는 젊은이의 표상처럼 각인되어 두고두고 회자되었다. 이 영화의 한 장면처럼 졸업을 앞둔 젊은이들의 앞날이 낭만적인 해피엔딩으로 이어질 수 있다면 얼마나 좋을까.

이월은 졸업시즌이다. 봄을 기다리는 젊은이들의 조바심을 보다 못해서 이삼일 짧게 만들어놓은 설렘의 달이기도 하다. 얼마 전까지만 해도 졸업식장은 축하의 인파들로 미어터지고, 추운 겨울인데도 오색의 꽃다발이 상기된 얼굴처럼 피어났었다. 하지만 긴 불황의 터널에 갇혀서인지 여기저기 들리던 졸업의 함성을 듣기가 어렵다. 가라앉은 졸업식장, 처진 어깨들이 시든 꽃다발처럼 애처로울 뿐이다.

서울로 가는 아들을 보고, 책상에 쌓인 이력서를 보면서 젊은이들에게 닥친 시련의 이월을 짐작한다. 그럼에도 딱히

해줄 말이 마땅치 않은 것이 안타깝다. 다만 겨울 같지 않은 이월은 그리 길지 않다는 것을 말해 주고 싶다.

결국 인생의 삼월은 오고 말 것이며, 단물 같은 봄비가 다시 언 땅을 녹일 것이다. 그때 우리 젊은이들이, 내 아들이 마디 굵은 대나무가 되어 푸른 잎을 달고서 불안했던 이즈음의 졸업 시즌을 추억의 노래로 기억했으면 하는 마음 간절하다.

불편한 동침

한동안 꼼짝없이 누워 있어야 할 처지가 되었다. 바쁘다고 종종거린 것이 화를 불러와 발목이 부러지는 낙상을 입은 것이다.

응급 치료를 마치고 올라간 6인 병실은 진풍경이었다. 머리를 나란히 맞댄 침상 위에는 팔다리며, 머리, 가슴까지 허연 붕대를 감은 사람들로 일색이었다. 침상 옆에는 보호자 간이침대가 놓여 있어 가뜩이나 좁은 방에는 정원의 두 배나 되는 사람들로 복닥거려 그 밀도가 콩나물시루는 저리 가라였다.

한쪽 구석에 자리를 잡은 나는 앉은 김에 쉬어 간다고 그동안 누적된 심신의 피로며, 미루어 두었던 읽을거리를 이

참에 해결하리라 마음을 느긋하게 먹기로 했다. 그러나 소박한 소망은 금방 깨어지고 말았다. 뼈를 다친 사람들의 공통점은 하나같이 입이 왕성하게 살아 있다는 것이었다. 또한 입원했다 하면 보름이나 한 달 이상은 묵어가는 장기 투숙자라는 것도 같았다.

6인 병실의 식구들은 마치 전세버스를 타고 관광을 나선 사람들의 양상이었다. 그들은 쉴새없이 웃고 떠들었다. 세상 이야기의 근원지가 여기인 듯 화제는 무궁무진, 호화찬란했다. 그야말로 적당히 세상을 살아본 중년 이상의 남녀가 섞인 가관의 세상 축소판이었다.

특히나 밥 때가 되면 부산하기 그지없었다. 잘그락거리면서 밥차가 오면 어디서 숨었다가 나오는지 온갖 비상식량이 구석구석에서 쏟아져 나와 이 입으로 들어가고 또 저 입으로 들어가는 걸 보노라니 먹고 사는 것이 참으로 경이로웠다.

그러다가 텔레비전에서 막장 드라마라도 시작되면 그야말로 일사불란이었다. 마치 군대에서 제식훈련이라도 체득한 양 눈과 귀와 입은 한 모양이 되었다. 밤이 이슥하여 이윽고 불이 꺼지면 하루를 살아내기가 그렇게 고단한 듯 이곳저곳에서 깊은 한숨과 거친 코골이가 좁은 방을 덮었다.

하룻밤을 세운 나는 다음 날 원무과에 들러 사정사정을 해서 겨우 2인실을 하나 얻었다. 2인실은 일단 고요했다. 무엇보다도 같은 크기의 방을 두 사람만이 나누어 쓰니 쾌적했다. 룸메이트는 나보다 열 살이 젊은 뇌경색 환자였다. 그는 약간의 두통이 있었고, 구토가 있었으며, 아침에 일어나니 한쪽 눈이 암흑천지가 되는 바람에 뇌경색 전조증 진단을 받았다고 했다.

그는 소심했다. 젊은 사람이 멀쩡히 다니면서 머리 어디에 혈관이 막혔다는 사실을 부끄러워했다. 그는 정신적 안정이 필요했고, 나는 부은 발목을 높이 들어야하는 육체적 안정이 필요했다. 그의 치료법은 약물로써 혈전을 녹이면서 하루 18시간 이상을 가만히 누워 있는 것이었다. 그는 종일 이어폰을 끼고 억지 잠을 청하는 것으로써 고통을 이겨내고 있었다. 나 역시 외부와의 연락을 차단한 채 오랜만에 심신에 자유를 부여하면서 마음껏 자고 실컷 글을 읽었다.

문제는 밤이었다. 평소에도 잠이 그리 많지 않은 나로서는 낮잠까지 보탰으니 밤을 낮처럼 쓸 수밖에 없었다. 내 딴에는 방해가 되지 않도록 조심해서 책장을 넘겼건만 룸메이트는 예민한 반응을 보였다. 내 머리맡에 켜진 전등 빛이 거슬렸던 것이다. 처음에는 작은 한숨 소리를 내더니 조금 있다가는 이불을 거칠게 끌어당겨 머리까지 뒤집어썼다. 그러다가 음악소리가 나기 시작했다. 귀에 꽂은 이어폰에서 나는 소리였다. 아마도 최고조의 음을 의도적으로 흘리는 것이 분명했다. 소리로써 빛을 제압하겠다는 것이었다. 내가 못 이긴 척 불을 끄고 눕자 소리도 사라졌다.

이틀 밤을 뜬눈으로 밝히고 다시 원무과를 찾았다. 오히려 6인실이 그리웠다. 그곳에서 적응하기가 훨씬 쉬울 것 같았다. 하지만 방이 없단다. 그 복닥거리는 방이 더 귀하단다. 먼저 당부를 해놓고 병실로 돌아오자 한 발 앞서 룸메이트가 먼저 짐을 싸고 있었다. 그는 어색한 웃음을 흘리면서 오히려 6층에 있는 3인실 방으로 낮추어 가기로 했다고 했다. 가끔 들르겠으니 나보고도 놀러 오라고 했다. 하지만 그는 오지 않을 것이고, 나도 가지 않을 것이다. 서로 불편했던 것이다.

낯선 곳으로의 적응은 설렘보다는 늘 두려움이 앞선다. 맞은편 침상이 하루만이라도 비어 있기를 고대해 보지만 그 기대도 난망이리라.

도찐개찐

 갈 곳 없는 따분한 주말이었다. 거실까지 깊숙이 들어온 가을햇살을 벗 삼아 잠에게 막 끌려가던 참이었다. 드르륵거리는 진동과 함께 문자 한 통이 날아왔다. 이웃에 사는 십 년지기 친구였다.
 "자네, 사람이 왜 그런가?"
 앞뒤가 잘려나간 말투에 잠이 확 달아나버렸다.
 "무슨 말인가?"
 더듬거리며 찍어대는 문자판에 손을 떼기도 전에 답이 왔다.
 "잘 생각해 보게."
 이 사람이 뭐를 잘못 먹었나? 무슨 생각을 해 보란 말인가? 할 말이 있으면 대놓고 할 일이지 무슨 선문답 같은 문자놀음인가? 아니지, 말로 못하는 데는 까닭이 있으리라. 머리가 팽팽 돌아가기 시작했다. 내가 긴요할 때 빌려 쓰고 갚지 않은 돈이라도 있었는가? 저가 없는 틈에 험담이라도 했었던가?

"무슨 일인지 말을 하게."

"자네가 한 일을 하늘과 땅이 다 알고 있네."

숨이 탁 막혀왔다. 머리 위로 피가 몰리는 것이 느껴졌다. 뭐를 안단 말인가? 무슨 일이기에 세상천지까지 안단 말인가? 저와 내가 객지에서 친구가 되어 이제까지 감추는 일없이 다정하게 지내오지 않았는가? 어디서 무슨 소리를 들어서 저러는 걸까?

"보시게. 내가 답답해서 그러니 말을 하게."

끓어오르는 성질과는 다르게 애원조가 됐다.

"그만 됐네."

탁 끊어버린 대답에 '이놈의 죽일 인간'이라는 신음이 저절로 흘러나왔다. 안방에서 거실로, 거실에서 베란다로 맴을 돌면서 후후 숨을 몰아쉬어도 화가 내려가지 않았다. '내가 저놈과 다시는 상종을 하나 봐라.' 저녁밥을 모래알처럼 씹으면서 거듭거듭 다짐을 했다.

이튿날, 푸석한 눈을 뜨고 어제의 일을 곱씹으며 다시 화를 돋우고 있는데 때를 맞춘 듯이 진동음이 울렸다.

"추어탕 포식하셨는가?"

이건 또 무슨 황당한 소리인가. 고개를 갸웃거리던 나는 한참만에야 '허참' 하는 탄식을 쏟아내며 무릎을 쳤다.

며칠 전, 이웃의 또 다른 동갑내기가 잠깐 내 집에 들른 적이 있었다. 손에는 작은 양동이를 들고 있었는데 뚜껑을 열어보니 씨알이 제법 굵은 미꾸라지들이 거품을 물고 퍼덕대고 있었다. 고향에 갔다가 마침 철이 철인지라 논도랑에서 미꾸라지들을 그냥 퍼 담듯이 해왔다고 했다.

그 정성이 고마워 두 손으로 받아들었다. 그런데 이 친구가 우리 집에 오기 전에 어제 그 묘한 문자를 보낸 친구 집에 먼저 갔었던 모양이었다. 두 친구에게 사이좋게 나누어 준다고 양동이 하나를 내밀었더니 몸이 부실한 나한테 몰아주라고 하더란다. 그러면서 추어탕 한 그릇쯤은 보내주지 않겠는가 하는 말을 했다는 것이다. 그제야 나는 어제의 그 문자를 겨우 해독해 내었다. 그놈의 미꾸라지 몇 마리 양보하고 생색도 크다고 욕이 치밀어 올랐으나 꼭 친구만 나무랄 일도 아니었다.

사실 내 입에는 비린 음식이 맞지 않는다. 갈치나 고등어도 바삭바삭 구운 것이라야 겨우 젓가락이 간다. 그러니 미끄덩거리는 미꾸라지는 더더욱 질겁이다. 정성이 고마워 미꾸라지를 받아놓긴 했어도 나나 아내나 해먹을 생각이 없었고, 처리할 바도 몰랐다. 좁은 양동이 안의 미꾸라지들은 반나절이 지나자 배를 뒤집고 둥둥 떠올랐다. 저러다가는 하루해가 가기 전에 모조리 목줄을 놓고 뒤집어져 썩어갈 것 같았다. 궁리 끝에 그냥 배를 따고 냉동실에 처박아 두고 말았다. 그러고는 잊었다.

결국 이 가을에 보양식을 혼자 포식하고 나니 온몸을 주체하지 못하겠다는 농담으로써 친구에게 민망함을 얼버무릴 수밖에 없었다. 냉장고에 그대로 모셔두었으니 우리 다음에 의좋게 나누어 먹자는 말은 아예 입안으로 삼켰다. "오는 정이 있으면 가는 정도 있어야지, 어째 사람이 그런가?" 하는 타박을 듣는 것이 낫지, 먹지도 않으면서 처박아 두는 인간성 상실의 심보'라는 독설은 더욱 견딜 재간이 없을 것 같아서였다.

긱인

 부끄러운 고백이지만 나는 어렸을 때 매를 많이 맞았다. 구렁이를 감아놓은 것처럼 종아리에 멍이 가시지 않은 날이 많았다. 생각해보면 코흘리개 철부지 시절이라 무어 그리 잘못이 있었을까마는, 아버지는 여러 자식들 중에 유독 맏이인 나에게만 가혹하리만큼 매를 자주 들었다.
 내가 아버지를 처음 본 기억은 대여섯 살 무렵이었다. 추수가 끝난 들판을 가로질러 흙먼지를 풀풀 날리며 병원 백차 한 대가 마을로 들어왔다. 차문이 열리자 병색이 완연한 아버지가 더듬발을 디디며 조심스럽게 내렸다. 도시에 나가 공부를 하던 아버지께서 병을 얻어 갖은 고생을 하다가 귀향한 것이다. 당시 아버지는 항공대학에 재학 중이었다.

각인 47

아버지는 자신의 뜻과는 달리 일찍 결혼을 했다. 할아버지에 의해 혼인을 당했다고 했다. 학교 수업을 파하고 집에 돌아와 보니 마당에 천막을 쳐놓고 맞은편에 어머니가 기다리고 있었다. 논둑, 밭둑으로 달아나던 아버지는 마을 청년들의 손에 붙들려 사모관대를 쓴 것이다.

아버지는 품은 뜻이 있었다. 창공을 나는 파일럿이 꿈이었다. 그리하여 결혼을 하고 고등학교를 마치자마자 진학을 위해 도시로 떠났다. 그런 사이에서 내가 태어났으니 잔정이 없었던 것은 당연한 일이었을 것이다.

꿈을 접고 낙향해서 사랑방에 머물던 아버지는 햇살이 두터워지면 툇마루에 나와 하루를 보냈다. 핼쑥한 얼굴에는 좌절감이 깊게 배어 있어 누구도 가까이 갈 수 없었다. 이렇게 처박혀 있을 내가 아닌데 하는 표정이 역력했다. 하지만 때마다 밥상을 나르는 어머니의 발걸음에는 신바람이 붙어 있었다. 나는 멀찍이 어머니 치마 뒤에 가려서서 낯선 아버지를 호기심 어린 눈으로 쳐다보곤 했다.

이듬해 봄이 되자 아버지는 눈에 띄게 건강이 좋아졌다. 산책을 나가기도 했고, 멀리 읍내까지 영화구경을 다니며 갇힌 마음을 풀기 위해 애를 썼다. 하루는 아침부터 툇마루에 나와 앉아 무얼 만드느라 온갖 정성을 다 기울이고 있었다. 뽀얀 한지 뭉치를 펼쳐놓더니 한 장씩 접어 같은 크기로 잘라놓고, 그걸 다시 차곡차곡 챙기더니 무명실을 여러 겹 꼬아 책으로 묶었다. 그리고는 여러 날에 걸쳐 글자를 써 나갔는데, 옆에 앉아서 시키는 대로 먹을 갈던 나는 그것이 내 고생길의 시초가 될 것이라고는 짐작조차 못했다. 글쓰기가 끝나고 한 장 한 장 들기름을 먹이는 것으로 책은 완성됐다. 아버지는 기름칠로 꾸덕꾸덕해진 책을 내 앞에 던졌다. 천자문 책이었다. 이제 만 다섯을 넘긴 나에게 공부를 시키겠다고 작정한 것이었다.

그날부터 저녁상을 물리고 나서는 언제나 하루치의 숙제 검사가 있었다. 읽고 쓰고 외우다가 막히는 날에는 어김없이 사리나무 회초리가 등장했다. 회초리는 안방 천장에 매달려 있는 메주각시 속에 꽂혀 있었다. 저놈의 것을 언젠가는 분질러 버리겠다고 마음속으로 다짐했던 그 회초리를 두 손으로 공손하게 아버지 앞에 가져다 바치는 것도 나의 일이었다.

천자문을 떼고, 계몽편, 동몽선습을 차례로 익히면서 아버지의 손에 든 매에는 한층 더 힘이 실렸다. 어린 마음에 그런 아버지에 대해 별의별 생각이 다 들었다. 제발 어디 가서 영영 돌아오지 않았으면 싶었다. 길이라도 막혀서 단 하룻밤만이라도 오지 말았으면 하고 빌었다. 기대는 늘 빗나가 헛기침소리를 앞세우고 아버지가 외출에서 돌아오면 나는 오줌부터 마려워 맴을 돌았다.

　무지했던 그 옛날의 시골 바닥에서 선행학습까지 착실히 마치고 국민학교에 입학한 나는 신동으로 널리 소문이 퍼졌다. 그 덕분에 정든 집을 멀리하고 일찌감치 도시로 유학길에 올랐다.

　등잔불 밑에서 머리를 태워 먹던 시골과는 달리 도시의 나날은 불야성을 이룬 신천지였다. 무서운 밤이 아니라 기다려지는 밤이었다. 무엇보다도 날마다 극장이 열려 있어 틈만 나면 볏섬에 드나느는 쥐처럼 영화를 보러 다녔다. 하루에 세 군데 극장을 돌기도 했다. 개봉영화관, 두 프로를 보여주는 재상영극장, 프로를 다 끊어 먹고 틀어주는 변두리 극장을 돌면서 아픈 눈을 비벼가면서 영화를 즐겼다

　그러나 호시절도 금방 끝이 났다. 아버지는 한 달에 두어 번씩 불시에 그야말로 느닷없이 올라왔는데, 방을 비운 날에는 혹독한 문초를 당하고 밤새 눈물을 질질 짜야 했다. 적막하고 외로운 골방에 갇히게 된 나는 며칠을 빈둥거리다가 어쩔 수 없이 책을 붙잡게 되었다. 아마도 그 몇 년 동안의 낮밤을 가리지 않았던 독서가 내 평생의 밑거름이 되었던 것 같다.

　고등학교에 들어와 첫 방학을 맞은 나는 며칠 동안 시골집에 머물러 있었다. 마침 아버지께서 손수 아래채 창고를 짓

고 있었다. 아버지는 집에서 조금 떨어진 곳에 미리 만들어 놓은 흙장을 리어카에 실어오라고 시켰다. 우리 집은 마을 언덕배기 첫째 집이었다. 그러니까 내리막길을 급하게 내려오다가 기역자로 후딱 꺾어야 우리 집에 들어올 수 있었다.

흙장을 실은 리어카는 언덕배기에서 내리막길로 접어들자마자 탄력을 받기 시작했다. 육중한 짐이 뒤에서 밀어대는 바람에 통제할 수 없을 만큼 가속도가 붙었다. 달음박질치며 내려오던 나는 그만 정신이 아득했다. 저쪽 내리막길 끄트머리에는 탱자나무 울타리가 있고, 그 너머는 낭떠러지였다. 죽었구나 싶은 순간 이판사판의 심정으로 리어카 채를 땅에 내려놓았다. 뒤에서 우르르 흙장이 밀려오는가 싶더니 내 몸도 앞으로 급하게 쏠리면서 두 정강이가 리어카 채에 걸렸다. 두둑 하는 소리와 함께 나는 앞으로 고꾸라졌다. 하늘이 노래지면서 비명이 흘러 나왔다.

"아버지!"

나는 내 입에서 나오는 짧은 비명에 깜짝 놀랐다. 저기 마당에서 멍석을 펴놓고 콩을 다듬고 있는 저 인자한 어머니가 아니라 아버지 소리가 먼저 나오다니! 늘 나를 안고 쓰다듬어 주던 어머니가 아니라 매를 들어 그토록 두려워하던 아버지 소리가 먼저 나온 것이다. 고통이 온몸으로 번져오는 순간에도 나는 내 정신이 어떻게 된 건 아닐까 하는 생각이 들었다.

  비명소리를 듣고 달려온 아버지는 나를 들쳐 업고 뛰기 시작했다. 읍내 병원까지는 삼십여 리나 되고, 지나가는 트럭이라도 잡으려면 신작로까지 족히 10분은 걸리는 거리였다. 아버지의 걸음은 금세 느려졌다. 숨이 차올라 헉헉거렸고, 목덜미에서는 땀이 비 오듯 했다. 그때 나는 부어오는 다리의 통증보다 어떻게 절체절명의 순간에 아버지부터 찾게 되었는지 그 의문에서 벗어나지 못했다.

  세월이 수십 년 지났어도 아직 나는 객지를 떠돌고 있다. 거친 세상에서 살아남기 위해 크고 작은 시련이며 달콤한 유혹들을 수없이 만났다. 샛길에 들어가 헤맨 적도 많이 있었다. 그럴 때마다 화들짝 놀라 되돌아오게 한 힘은 아이러니컬하게도 그토록 미워하고 무서웠던 아버지의 매였음을 말하지 않을 수 없다.

제 2 부
아름다운 소유

나는 나를 모른다
꽃그늘에 숨어 얼굴을 붉히다
아름다운 소유
미안하지 않다
청마의 쾌족
순진한 생각
나는 부자다
이월의 끝자락
프로는 다르다
이렇게 사는구나

　눈만 뜨면 먹고 살 걱정이 앞을 가로막는 시대에, 가진 것이 없으면 한없이 비참해지는 세상에서, 설령 가진 것이 있다 해도 버리겠다는 의지가 눈곱만치도 없으면서 그저 관념적인 목소리로 무소유를 노래한다면 그 얼마나 위선적이고 가증맞은 일이겠는가. 그러기에 나는 '무소유'에 버금가는 명작 '아름다운 소유'의 출현을 내내 고대하고 있는 것이다.

나는 나를 모른다

　내가 작은 키의 소유자라는 것을 알게 된 것은 30대 중반이 되어서였다. 보면 바로 알지 거 무슨 말도 안 되는 소리냐고 할지 몰라도 주변에 고만고만한 키들만 있어서였는지, 아니면 나에게 관심을 두고 말하는 사람이 없어서였는지 내 키는 그저 평균에 살짝 밑돌 뿐이라고만 여겨 왔다.
　나에게 키가 작다는 것을 확실히 일깨워 준 사람은 춤 선생이었다. 예전에는 직장마다 주기적으로 '무슨 바람' 이라는 것이 한 번씩 살짝살짝 왔다 가곤 했다. 개인생활을 중시하는 지금이야 그런 풍조가 사라졌지만 퇴근 후에 집으로 바로 직행하는 남자는 단체생활에서 '쪼다' 로 여겨지던 시절이었다. 그래서 귀갓길에 일차 술판은 기본이고, 고스톱

바람이 지나가고, 또 한때는 당구붐도 일었다.

그 무렵에는 이곳저곳에서 춤바람이 불었다. 대형마트가 없던 시절이라 남문, 칠성, 효목시장 등 재래시장 앞에는 카바레가 성업 중이기도 했다. 내가 근무하는 직장에서도 남자 직원의 절반이나 되는 스무 명이 떼거리로 댄스교습소를 찾았다. 아마 출퇴근 길목인 남부주차장 근처였지 싶다. 뽕짝거리는 '도로또 가락'에 몸을 맡긴 채 일행은 훈련소에서 무슨 제식훈련이나 하는 것처럼 가로세로 줄을 맞추어 땀이 나도록 밟아댔다.

한 달쯤 지나가자 대충 감이 떨어지는 사람들이 자진 사퇴하고 우수생 몇 명만 남게 되었다. 선생은 용케도 살아남은 나를 보고는 청양고추를 씹은 입처럼 "하하" 거리며 "작단 말이야, 작단 말이야"를 연발했다. 그 세계도 키가 중요하다고 했다. 무리에 묻혀 머리가 보일락 말락 하는 중간키 170㎝는 상품, 그보다 5㎝ 이상 높아 사람들 눈에 확 뜨이면 그것도 감점이 되어 중품, 그보다 낮으면 아예 하품이라는 것이었다.

선생의 말은 틀림이 없었다. 드디어 현장실습이라는 것을 나가서 상품들은 옷자락을 날리며 팽팽 돌아가는데 하품은 콜라나 마시고, 남의 가방이나 지키는 신세가 되었다. 오기가 생겨 그 길로 양화점에 가서 5㎝ 키높이구두를 맞추고 재진출을 노렸던 바, 효과는 바로 나타났다. 하지만 키높이구두는 그냥 서 있기만 해도 온몸이 앞으로 쏟아져 내렸다. 더구나 딱 하루 실습으로 몇날 며칠 무릎이 붓고는 그 업종과 결별하고 말았다. 기억이 가물가물한 일이 되긴 했으나 그 일은 잠시나마 나를 일깨우는 기회가 되었던 것 같다.

최근에 와서 여전히 내가 나를 모르고 있다는 사실을 또 한 번 깨우친 사건이 있었다. 요즘은 텔레비전만 틀면 볼 것이 천지인 세상이다. 그중에서도 젊은 아이들이 나와 노래를 하고 춤을 추는 장면을 보면 부러운 생각이 저절로 들곤 한다.

우리 집에는 동물원의 하마 같은 아들과 열 번은 말을 걸어야 겨우 한두 마디 "예" "아니오" 단답이 나오는, 극도로 재미없는 아들 둘이 버티고 있다. 그러니까 국적불명의 코맹맹이 소리로 애교를 떠는 아이돌 딸아이들이 나오면 텔레비전에 코를 붙여서 "우리도 진작 저런 딸 하나 있었으면" 하는 딸 타령이 저절로 나오게 되는 것이다. 하루이틀도 아니고 그것이 일상이 되자 그야말로 별말 없기가 그지없는 아내가 하루는 낭창하게 일침을 가해 왔다.

"여보세요. 딸이 있으면 나도 얼마나 좋겠어요? 지금쯤 모녀가 머리도 볶으러 가고, 밥도 먹으러 가고요. 그런데 당신 닮은 딸을 생각해 봤어요? 돈이 얼마나 들겠어요?"

그 말을 듣는 순간 나는 뒷목을 잡았다. 너무나 민망해서 후다닥 화장실로 들어가 물을 내리고 한참이나 앉아 있었다. 참으로 내가 나를 모르고 살아온 세월이 감사한 것도 같고, 앞으로 더 이상 내가 나를 모르고 살아야 정신 건강에 좋을 것 같기도 했다. 그러면서 한편으로는 다른 사람도 나처럼 '나를 모르고 사는 것은 아닐까' 하는 위로의 궁금증 같은 것도 일었다.

꽃그늘에 숨어 얼굴을 붉히다

1. 푸른 빛

　나는 소백산 자락 궁벽한 시골에서 자랐다. 내 유년의 들판에는 언제나 푸른 강물이 흐른다. 유년을 휘감고 지나가는 강은 언제나 낙동강으로 길게 이어져 있다. 저학년 때의 젊은 선생님은 우리들을 자주 강가로 데려가 몸을 씻겼다.
　우리는 눈부시게 영롱한 금모랫벌에 몸을 굴리다가 풍덩풍덩 물속에 뛰어들었고 선생님은 언제나 꽃그늘에 숨어 그림을 그리셨다. 입술이 파래진 우리들이 등줄기의 물방울을 말리며 선생님의 뒤에 둘러서면 그림은 온통 푸른 빛으로 가득했다.

돌아오는 길에 선생님은 우리들을 푸른 길로 뛰게 하였다. 푸른 보리밭둑을 거쳐 길솟은 미루나무밭을 달음박질해 학교에 오면 언제나 숨이 넘어갈 듯하였다. 그 숨이 넘어갈 듯한 아득한 푸른 빛 속에서 우리들의 푸른 꿈이 익어 갔다.

고학년 때 선생님은 꽤나 유명한 아동문학가였다. 선생님은 곰팡내 가득한 도서실에 우리 몇몇을 가두어 놓고 읽고 쓰고 또 읽고 쓰게 하셨다. 해시계가 키 큰 미루나무를 뉘엿뉘엿 땅바닥에 재울 무렵에야 우리는 풀려나곤 했는데 잊을 수 없는 시절이었다.

그 골방에서 나는 창밖을 내다보면서, 반드시 글을 쓰는 사람이 되겠다고 다짐했다. 나는 그 소망을 한 번도 배반한 적이 없고, 고민한 적도 없고, 그렇게 되고자 노력하였으며, 지금 그렇게 되었다.

서울로 전근을 가신 선생님께서는 아버지를 만나 나를 꼭 도회지로 보낼 것을 당부하셨다. 이듬해 봄, 나는 경북선 기차에 몸을 실었다.

2. 감자꽃

열서너 살쯤 되었을까. 소년은 앉은뱅이책상을 등에 메고, 책보따리를 양손에 든 채 소백산 자락의 외딴 간이역에서 있었다.

맞은편 산비탈에서는 감자꽃이 피기 시작할 무렵이었다. 완행열차는 긴 몸체를 느릿느릿 뒤척이며 상주를 지나 김천을 거쳐 밤이 이슥해서야 대구에 도착했다.

소년은 다시 등짐을 다잡아 메고 역을 빠져 나왔다. 그리고는 공룡처럼 굽어보고 선 도시의 빌딩 앞에서 잠시 숨을 고르고는 중앙통을 가로질러 봉산동으로 접어들었다. 소년의 유학 시절은 그렇게 시작되었다. 소년의 도시생활은 무척 쓸쓸했다. 오라는 곳도 찾아 갈 곳도 없었기에 온종일 자취방에 엎드려 지내거나 때로는 봉창 너머로 수도산 비탈을 뒤덮고 있는 아카시아 숲을 바라보며 긴긴 해를 보내기도 했다.

그 고독의 방, 적막의 공간에서 소년은 춘원春園과 동인東仁을 만났고, 세계의 문호들과 대면을 했다. 하지만 그것만으로 외로움을 이겨내기란 힘든 일이었다. 그런 때는 기차를 타곤 했다.

고향집은 간이역에서도 산등성이를 두어 개 넘어야 불빛이 아련하게 보이는 곳에 있었다. 어둔 밤길을 걸으며 소년의 등골에는 찬바람이 일었다. 자칫 헛발이라도 놓았다가는 가시덤불 속으로 굴러 떨어지는 수가 있었고, 여우가 흙을 뿌리며 사람을 홀린다는 야시골도 지나야 했기 때문이었다.

산비탈에 접어들면서 칠흑 같은 밤길을 밝혀준 것은 온통 하얗게 핀 감자꽃이었다. 감자꽃은 소년이 고향집 사립문을 열고 "어무이, 저 왔니더." 하고 부리나케 대청마루에 오를 때까지 뒤를 쫓아와 초롱처럼 밝혀줬다.

이제 그 고향길을 비추던 산비탈의 감자밭은 흔적조차 가늠할 길이 없어졌다. 고향집도 사라지고 고향 사람들도 흩어졌다. 비행장이 들어서면서 산을 깎고, 들을 메우고, 마을을 뭉개버려 망망대해가 되어버린 지 오래다. 소년을 도시로 떠나보낸 완행열차도 언제부터인가 산모퉁이를 돌아 나오지 않았다.

어디 그뿐이랴. 소년의 도시 입성을 맞이했던 건물들도 자취를 감췄고, 반월당 네거리의 낯은 집들도 사라졌다. 그나마 얼마 전까지 남아 있던 소년의 첫 보금자리마저 재개발에 밀려 번지를 잃고 말았다. 그렇게 소년이 거쳐 간 흔적들은 돌아서서 비질이라도 한 듯이 말끔히 지워졌건만 이맘때면 불현듯이 솟아나는 그리움을 어찌할 것인가. 지금쯤 감자꽃이 한창 피고 있을 텐데.

3. 스무 살

나는 혼자라는 말을 무척 두려워한다. 어린 나이에 고향을 떠나 혼자 지내던 중고등학교 시절은 너무나 외로웠다. 친구들이 숱하게 자취방을 들락거렸지만 결국은 혼자였다. 봉산동 자취방에는 북쪽으로 난 봉창이 하나 있었다. 봉창너머 낭떠러지였던 비탈에는 아까시나무가 무성히 우거져 있었다. 나는 그 봉창 너머로 햇살에 투명해진 아까시 속잎을 바라보며 글을 쓰고 읽으며 하루를 보내곤 했다.

그런 나에게 사랑이 왔다. 그런 사랑이었기에 향기로웠고, 뜨거웠으며, 화려하고도 요란하였다. 사랑은 나의 문학을 더욱 들뜨게 했다. 시화전을 열고 문집을 만들며 화려했던 문청들과 향촌동 막걸리집을 드나들었다.

그러나 불행히도 나는 그들과 어울리는 막걸리판이 문학의 전부인 줄 아는 숙맥이었으나 그들은 이미 세련된 눈을 가지고 있었다. 막둥이인 내가 열심히 술잔 값을 셈하는 동안 그들은 은밀한 눈짓을 나누며 끼리끼리 떼를 지어 문학의 끈들을 찾아 총총히 사라지곤 했다.

대학 문학상을 수상하고 신 교수님의 부름을 받은 것도 그 무렵이었다. 붉은 벽돌의 대학 연구동을 올라가면서 나는 무척 상기되었다. 그러나 교수님은 제자를 기르지 않았다. 나는 질식할 것 같은 연구실에서 몇 번이나 알량한 자존심이 무너진 채 교수님의 어깨 너머로 기를 쓰고 오르는 담쟁이넝쿨을 지루하게 지켜보다가 돌아오곤 했다.

3학년을 마치자 사랑을 핑계로, 문학을 핑계로 더 이상 입대를 미룰 수 없었다. 남도에서의 군생활은 순탄하였으나 말년이 가까워질수록 긴장하게 되었다. 유신정권이 종말을 맞았고 민주항쟁의 중심에서 외부와 차단된 채 죽음의 두려움을 겪었다.

그러나 무엇보다 고통스러운 것은 사랑이 끝장난 것이었다. 나는 목포 앞바다 철선 위에서 그녀의 마지막 편지를 읽었다. 첫 발령을 받은 오지 산골에서 혼자 견딜 수 없어 문고리를 열어주었다는 대목에서 갈기갈기 찢으며 이 세상에서 변하지 않는 것이 있다면 '변하지 않는 게 없다'라는 말밖에 없을 거라고 확신했다.

나의 귀향은 쓸쓸했다. 그 사이 문학도들은 하나둘 등단을 하고, 우선 당장의 먹살이를 위해 뿔뿔이 흩어져 거리는 허전했다. 나는 모든 일이 심드렁해졌다. 어서 졸업을 하고 어디든 낯선 곳으로 떠나고 싶었다. 그럼에도 결국 나는 멀리 가지 못하고 도시의 변두리에 남게 되었다.

조상님께서 얼마나 바르게 살기를 소원하셨으면 내 이름을 '億善'으로 지으셨을까. 그 뜻대로 나는 억수로 착하게 살려고 노력하였고 그리고 테두리에서 그리 멀리 벗어나는 일도 없었다.

그래서인지 나는 사람을 쉽게 받아들였다. 그리고 사람 앞에서 먼저 등을 돌려본 기억이 없다. 혹 누가 등을 보이고 가더라도 나는 그가 가뭇없이 사라질 때까지 오래 뒤를 지켜보았다. 어떤 인연과의 만남도 그 만남을 아름다운 장미꽃으로 가슴에 담아두려고 노력하였다.

4. 앙띠 에세이

더러 나를 보고 왜 잡문이나 쓰는 수필가가 되었느냐고 묻는 사람들이 있다. 나는 울컥 치밀어오는 속을 누르고 재주가 없어서라고 한다. 하지만 나는 누구보다 수필을 사랑하는 마음이 크다. 나는 재고 따지고 꾸미는 일에 서투르다. 소설이나 시는 아무래도 가공의 집을 짓는 작업처럼 느껴진다.

수필은 진실 없이는 단 한 줄도 풀어나갈 수 없는 문학이다. 설사 남을 속일 수 있다 해도 자신은 속일 수 없는 작업이 수필 쓰기다. 나는 착하게 살아가겠다는 나와의 약속을 세상에 공표하기 위해, 그 맹서를 배반하지 않는 마음으로 수필을 쓴다.

나는 요즘 새로운 수필에 몰두해 있다. '앙띠에세이'란 용어를 혼자 붙여서는 몇 년째 수필창작반에 가서도 애써 알리고 있다. 반수필反隨筆로 해석되는 앙띠에세이는 기존 수필의 정통성을 배타적인 안목으로 접근하자는 뜻이 아니다.

새로운 세기를 맞아 문화의 모든 영역이 해체와 통합을 자유분방하게 이루고 있는 시점에서 수필에도 다양한 장르의 결합을 적용하여 매너리즘에 젖어 있는 수필문학에 새바람을 넣어보자는 시도 정도다.

나는 독실한 믿음을 가진 교인은 아니다. 그러나 이 세상에 나를 보낸 분이 있어서 왔으니 틀림없이 거두어 갈 분도 있으리라고 믿는다. 세상을 마감하는 날 내가 누군가에 앞에 서게 되면 무엇을 내놓을 것인가 하고 생각한다. 세상에서 무엇을 하였느냐 하는 물음에도 부끄러워하는 사람이 되고 싶지 않다. 그 자리에 나는 향기로운 꽃바구니를 자랑스럽게 내어 놓고 싶다.

내가 만난 숱한 사람들과 아름다운 사연들로 그 바구니가 가득 찼으면 좋겠다. 그리고 내 유년의 푸른빛도 담았으면 좋겠다. 금모래빛 언어들로 환하게 빛나는 수필집 몇 권도 곁들일 수 있다면 더욱 좋겠다.

아름다운 소유

 필명이 높으신 어느 노스님의 '무소유'라는 글이 오래도록 독자의 사랑을 받고 있다. 쫓기듯이 허겁지겁 살아가는 우리들에게 잠시나마 가쁜 숨을 고르게 하고, 더구나 험지에서 지행합일을 실현하는 작가의 청빈함이 알려지면서 더더욱 깊은 감동을 우려내고 있다. 나 역시 가까운 이웃들에게 이 글을 기꺼운 마음으로 권하여 왔다. 그런데 요즘 들어 이 아름다운 글을 곱씹으면서 저절로 탄식에 빠져드는 것은 무슨 까닭일까.
 내가 근무하는 학교는 공단을 옆에 끼고 그저 평범한 소시민들이 수천 세대의 아파트 숲을 이루는 도시의 변두리에 자리하고 있다. 새 학기가 시작되면서 학교에서는 한동안 사라졌던 가정방문을 다시 실시하였다. 예전처럼 학부모를 만나 학생의 학업이나 진로에 관한 상담을 하려는 것이 아니었다. 갈수록 세상살이가 어려워져 학비를 감면해 주고 급식비를 지원해 주어야 할 가정이 너무나 많아졌기에 그 현황을 파악하는 일이 급선무였다.

학생을 앞세우고 대문을 들어서면 대부분의 집들은 비어 있었다. 부모들 모두가 인근 공단으로 일을 나가기 때문이었다. 그나마 집을 지키는 이가 있다면 거동이 자유스럽지 못하거나 오랜 실직으로 풀이 죽은 얼굴들뿐이었다.

그렇게 서른 명이 넘는 학생 집을 일일이 돌면서 나는 안타깝게도 '무소유' 속에 등장하는 그런 기름진 난초를 본 기억이 없다. 햇볕 잘 드는 베란다이든가 적당히 그늘진 방안에서 주인의 따뜻한 손길을 기다리는 난초는 애초에 없었다. 고작해야 언제 걸어놓았는지도 모를 철 지난 꽃다발이 바스러질 듯이 벽에 매달려 있는 것을 두어 집에서 보았을 뿐이다. 그런 날이면 나는 까닭 없이 부아가 솟아 죄 없는 학생의 머리를 쥐어박으며 '무소유'를 대신하여 '소유론'을 설파하곤 돌아왔다.

'무소유'는 '소유'를 전제로 하는 말이다. 무엇인가를 가졌기에 버리자는 뜻이다. 그렇다면 별로 소유한 것이 없는 사람들에게 무소유라는 말은 과연 어떤 의미로 다가가서 얼마만큼의 감동을 줄까. 그래서 나는 글을 쓰는 분들에게 무소유에 관한 글은 지금의 명작 한 편으로도 이미 넉넉하다는 말을 하고 싶다. 물론 명작을 능가할 작품이 나온다면 유쾌히 장려할 일이다. 그런데도 묶어내는 작품집들마다 '무소유'의 아류쯤 되는 글들이 무수히 양산되는 걸 보면 '무소유'라는 글의 영향이 그렇게 심대한 것인지 아니면 글을 쓰는 사람들은 하나 같이 버릴 것이 그렇게도 많은 사람들인지 도무지 까닭을 모를 지경이다.

짐작컨대 '무소유'라는 글이 오랫동안 많은 사람들에게 감동을 주고 사랑을 받는 까닭은, 버릴 것이 있는 분이, 버리고 나서도 견딜 만한 분이, 그리고, 가진 것을 마땅히 버려야 할 분이 쓴 글이어서가 아닐까.

눈만 뜨면 먹고 살 걱정이 앞을 가로막는 시대에, 가진 것이 없으면 한없이 비참해지는 세상에서, 설령 가진 것이 있다 해도 버리겠다는 의지가 눈곱만치도 없으면서 그저 관념적인 목소리로 무소유를 노래한다면 그 얼마나 위선적이고 가증맞은 일이겠는가. 그러기에 나는 '무소유'에 버금가는 명작 '아름다운 소유'의 출현을 내내 고대하고 있는 것이다.

미안하지 않다

　집 안은 짙은 어둠에 싸여 있다. 벽을 더듬어 스위치를 올리자 주변이 부스스 제 모습을 드러낸다 '어디에 간 것일까?' 둘만이 사는 집에 한 사람이 보이지 않으니 거실은 한층 넓게 느껴진다. 바닥에 깔아놓은 담요가 얌전하게 접힌 채 한쪽에 밀쳐 있는 것으로 보아 잠깐 밖에 나간 흔적은 아니다. 조금 일찍 들어갈 것이라고 문자라도 미리 넣을 걸 하는 후회가 든다.
　올해는 어쩌다 밤낮으로 바쁜 사람이 되었다. 연초에 새 달력을 넘기면서 짚어보니 명절이나 조상 기일을 빼놓고는 빈 날이 거의 없었다. 일자리 하나가 귀한 시대에 즐거운 비명이라고 부러워할는지 모르겠으나 알고 보면 영양가 없는 일정이다. 낮에는 먹고 살기 위해 쫓아다닌다 쳐도, 밤에는 내 신명이 뻗쳐 이리저리 돌아다니는 별 볼일 없는 일이기 때문이다.

문제는 늦은 귀가 시간이다. 밤에 하는 일이 몇 시간씩 미리 짜놓은 강의인지라 애초에 일찍 집에 들어가기가 쉽지 않다. 더구나 일주일에 두어 번씩 타 시도에 가는 날은 열한 시를 훌쩍 넘기게 된다.

이런 나를 염려하는 사람은 당연히 아내다. 처음에는 건강이 걱정되니 제발 밤일은 그만두라고 사정을 했다. 지난해 새로 구입한 승용차가 일 년 만에 삼만 킬로를 달렸으니 그런 염려도 무리는 아니다. 시간이 지나면서 아내는 그놈의 문학인가 뭔가 때문에 나들이는커녕 오붓하게 밥 한 숟가락을 먹어본 지가 옛적이 되었다고 타박을 해댔다. 나중에는 문학판에 여자들이 많다고 하던데 후줄근한 여편네 꼴이 우습게 보이느냐고 강짜까지 보탰다. 그러더니 근자에 와서는 무심모드로 돌아선 눈치였다.

그런 아내에게 늘 미안했다. 자식들이 떠나간 집에서 나 하나를 기다리는 아내에게 진심으로 미안했다. 유일한 낙인 헬스장에 가서 반나절을 뛰고, 또 월드컵 경기장을 열 바퀴나 돌아도 초저녁이라는 말에 눈시울이 젖도록 미안했다. 문학만 안 하면 우리는 불행 끝 행복 시작이라는 말에 머리를 주억거리며 '그래, 밤일을 그만두리라' 여러 번 다짐을 했다.

그렇게 미안한 아내가 지금 어디에 있는 것일까. 자리를 깔고 누웠더니 텔레비전에서는 가요무대가 한창이다. '전화를 해볼까' 하는 순간 휴대폰이 부르르 떨면서 짧은 문자 한 통이 날아든다. "어디세요?" 미리 수업 가는 날인 걸 알고서 지금 어디쯤 오고 있느냐는 아내의 다정한 문자다.

사실 오늘은 저쪽 사정에 의해 갑자기 휴강이 되는 바람에 느릿느릿 퇴근하여 여유를 즐기고 있는 중이다. 나는 오히려 아내가 궁금해서 "어디?" 하고 같은 문자를 보낸다. 금방 답이 온다. "집", 집이란다. 이 무슨 황당 시추에이션인가. 지금 내가 거실에 누워 저를 기다리는데 저가 집에서 나를 기다린다고 한다.

의심이 폭풍처럼 머릿속을 감돈다. 오호라. 일정을 꿰뚫고 앉아서 '오늘은 언제 와?' 하고 문자를 날릴 때마다 내심은 다른 데 있었단 말이지. 홀로 집을 지키며 이제나저제나 나를 기다리고 있을 거라는 생각은 순진한 착각이었던 것일까. 설마, 그럴 리가 있을까. 오늘 무슨 일이 있는 거겠지. 너그럽게 이해를 해본다. 아니지, 문을 열어주던 아내의 낯빛에 가끔 홍조가 있었고, 안주로 그만인 꼬리한 곱창냄새도 슬쩍 풍겼던 것 같다.

새로 나온 가요를 열심히 흥얼거리던 모습도 떠오른다. 요즘 세상에 남편만 기다리며 집에 박혀 있는 중년의 여자가 어디 있느냐는 주변의 말에도 일리가 실린다. 어쩌면 나보다 더 바쁘게 돌아다닐지도 모른다는 생각마저 들자 마음이 묘하다. 슬슬 초조한 마음이 생긴다.

열한 시가 되자 딸그락거리며 문을 따고 아내가 들어선다. 예정대로라면 오늘 내가 귀가할 시간의 십 분 전이다. 나를 본 아내의 눈이 잠깐 흔들리더니 이내 평정을 찾는다. "웬일로 일찍 왔네." 웃음으로 버무리는 아내의 낯빛에 역시나 홍조가 묻어 있다. 스쳐가는 옷자락에서 코에 익은 곱창냄새가 풍긴다.

나는 옷을 갈아입는 아내의 뒤통수에 대고 그렇게 됐다며 덩달아 웃음을 날린다. 그 웃음이 어색하다. 문득 앞으로도 자주 늦게 와야 하지 않을까 하는 생각을 해본다. 오늘은 아내에게 조금도 미안하지 않다.

청마靑馬의 쾌족

　올해를 청마靑馬의 해라고 한다. 백마, 흑마, 황마니 하는 말들은 익히 보아왔고, 삼국지에서 관우가 탔다는 적마도 읽어보았으나 푸를 청靑자를 쓰는 청마는 아무래도 낯이 설다.
　그런데도 이 생경한 이름이 쓰이는 까닭이 무엇인가. 10간 12지에 따르면 갑오년의 갑甲자가 청색을 나타내기 때문이다. 청색은 오방위에 따르면 동쪽이요, 계절로는 봄에 해당한다. 거기에다 말은 근육질의 동물이 아닌가. 갑오년 벽두에 눈을 감고 한 해를 점쳐 보니 봄날의 푸른 들판을 마냥 질주하는 말떼들의 기운생동이 꿈틀댈 수밖에 없다.
　이 푸른 기운을 일찍이 받아들여 스스로 청마라 칭한 이가 유치환이다. 고서古書 『대학』에는 '쾌족' 이라는 낱말이 나온다. 누가 뭐라 해도 나 자신의 삶이 하루하루 유쾌하고 내가 결정하고 행한 일이 만족스럽다면 이미 행복한 인생이라는 뜻이다. 문단사를 살펴보건대 유치환처럼 한 생을 쾌족하게 살아간 이도 드물다는 생각을 한다. 시인으로 널리 알려진 그가 경주, 대구에서 두루 교장을 지내고 부산남녀상고 재직 중에 사고사를 당하였으니 한편으로는 존경받는 중후한 교육자이기도 하였다.

  그런 그가 1945년 통영여중에서 한 여인을 만났다. 한 사람은 서른일곱의 유부남이었고, 한 사람은 스물아홉 청상이었다. 한 사람은 국어 교사였고 또 한 사람은 가사家事 교사였다. 세상의 눈으로 보아서는 몇 사발의 욕으로도 감당 못할 일이겠으나 그가 죽는 그날까지 이십여 년 동안 무려 오천여 통의 서한을 보낸 것은 청마의 쾌족으로 그를 두둔하지 않을 도리가 없겠다. 이미 세상이 다 아는 연정사이니 더 말해 무엇하랴만 서로에게 절절했던 시편을 하나씩 옮겨본다.

  일어나니 세시 반/ 달은 넘어가고 없고 미륵산 조용한 그림자 위에/ 또렷한 별 한 개가 보입니다 / 저 별이 당신이 아닙니까?/ 내가 아무것도 모르고 잠자고 있는 동안에도/ 나를 지켜 비쳐주

고만 있을 당신의 애정 - 청마

　오면 민망하고 아니 오면 서글프고/ 행여나 그 음성 귀기우려 기다리며/ 때로는 종일을 두고 바라기도 하니라 / 정작 마주 앉으면 말은 도로 없어지고/ 서로 가슴 먼 창만 바라보다가/ 그대로 일어서 가면 하염없이 보내니라 - 정운

　이렇게 옮기고 나니 아무래도 그가 사랑타령이나 읊조리고 돌아다닌 시인 나부랭이라고 할까 두렵다. 유치환 그는 서정주, 김동리와 더불어 생명파 시인으로 로 분류된다. 동시대에 청록파라 불리던 박목월, 박두진, 조지훈이 자연주의에 의탁하여 제각각 시의 배면을 노래하였다면 생명파는 인생이 무엇인가에 깊이 빠져들었다. 생명파를 인생파로 달리 부르는 이유도 여기에 있다.

　인생이란 무엇인가? 사는 것이 무엇인가? 우리들이 늘 되돌아보며 자문자답하는 과제다. 돈을 벌고, 명예를 좇아가고, 눈만 뜨면 아귀 같은 세상에서 지지고 볶는 이 인생이란 무엇인가. 외람되게 유치환의 시에서 삶을 풀이해 보면 아무것도 아니라는 것이다. 복잡할 것이 하나도 없다고 했다.

　그는 '생명의 서' 에서 인생에 대한 회의를 풀지 못할 때, 살아가면서 느끼는 애증을 다 짐 지지 못할 때 이 세상에서 가장 극한의 땅 아라비아 사막으로 가보자고 했다. 고독하

고 허적한 생명의 끝에 가보면 위선의 때가 묻지 않은 원시 본연의 자세, 순수한 자기의 모습을 만난다고 했다.

우리 인생에서 원시 본연의 자세, 순수의 모습이라는 것이 어떤 것일까? 단 한 번 다니러 온 우리의 인생, 그저 오만 잡사에 얽히고설키는 데서 벗어나 하루하루를 즐겁고도 만족하면서 사는 것이 아닐까.

올해는 청마의 해다. 이제 곧 동풍이 불고, 들판에는 푸른 풀들이 방창하는 봄이 올 것이다. 인생, 한번 재미나게 살아보고 싶다. 청마의 발굽으로 저 세상을 유쾌하게 달려가고 싶다.

순진한 생각

 '법法대로 하자'는 말이 얼마나 순진한 생각이었는지는 장인어른의 교통사고를 겪고 나서야 알게 되었다.
 초등학교 교사였던 장인은 돌돌거리며 굴러가는 50CC 오토바이를 타고 출근하다가 마주오던 24.5톤 트레일러에 받혀 돌아가셨다. 불과 오십의 나이였다.
 초동수사를 맡은 경찰관은 구석에서 벌벌 떨며 잘못했다고 빌고 있는 가해 운전자를 가리키며 어떻게 처리했으면 좋겠느냐고 우리에게 물었다. 정신이 반쯤 나간 장모와 자식들이 '법대로 해 달라'고 한 것이 잘못이었다. 법이고 뭐고 가해자를 향해 득달 같이 달려들어 물어뜯거나, 시멘트 바닥에 드러누워 살려내라고 악을 쓰는 것이 백번 옳았다.

이왕지사 죽은 사람은 운이 다해 간 것이고, 정년이 아직 십여 년 남은 공무원이었으니 보험회사 보상금이 제법 나올 거라는 말에만 귀를 기울였다. 그 운전사가 쇳덩어리를 운반하는 굴지의 운송회사이니 억울한 피해자에게 법대로 잘 대해 줄 거라고 믿은 것이 잘못이었다.

며칠 뒤 조사 결과에서 피해자였던 장인은 트럭 앞에 뛰어들어 사고를 일으킨 과실 백 프로의 가해자로 바뀌어 있었다. 추리소설 같은 보고서를 보니 거의 자살로 되어 있었다. 놀란 가족들이 그제야 천지사방으로 줄을 대고, 제 딴에는 힘깨나 쓴다고 하는 위인들을 불러왔지만 "내 카드가 안 먹힌다"는 요상한 소리만 하고는 돌아갔다.

민원을 넣는다 어쩐다 뒷북을 치고 나서 다시 현장 조사를 했지만 이미 끝장난 뒤였다. 재검증을 할 때 팔짱을 끼고 저만치 실실 웃음을 쪼개던 수사관의 미소를 수십 년이 지난 지금도 잊을 수 없다. 분한 일이었다.

회의문자인 한자는 글자마다 뜻을 품고 있다. '법法'이라는 글자는 물수水 변에 갈 거去 자를 붙여서 쓴다. 이 글자가 물이 위에서 아래로 흐르듯이 모든 일을 순리로 판단한다는 뜻을 가졌다면 얼마나 좋을까.

상하 계급 사회가 분명했던 옛날, 윗분들께서 아래 사람들을 쉽게 통제 또는 관리하기 위해 만든 룰이 '법'이라는 글자가 아닐까 하고 생각해 본다. 아래에서 견디다 못해 죽겠다고 아우성을 치면 위에서 아래로 살짝 물 한 바가지를 흘려주는 윗분들의 시혜 같은 것 말이다. 이런 생각은 세월이 좋아졌다는 지금도 변함이 없다.

얼마 전 무슨 일을 해보려고 집을 한 채 구입했었다. 지은 지 수십 년이 넘어 무너뜨리고 새로 지어야할 낡은 집이었다. 없는 돈을 모아 궁리 끝에 저지른 일이라 한 푼이 귀한 형편이었다.

문제는 등기 이전을 할 때 일어났다. 중개인도 법무사도 세금은 신경 쓸 것 없다고 했지만 세금은 예상의 두 배나 나왔다. 부랴부랴 세무사를 찾아 원인을 알아보니 법원의 등기와는 달리 구청의 건물대장에 한동안 상가로 사용했던 흔적이 남아 있다는 것이었다. 이미 집이 들고 나고 하는 급한 상황에 이것저것 따질 새도 돈을 내고 말아야 했다.

미리 잘 챙겨보지 못한 잘못이 나에게 있었고, 그에 따라 법대로 매겨진 세금에 이의가 있을 수는 없겠다. 하지만 일의 순위를 조절하면 얼마든지 피해 갈 수 있었다는 말에 속이 무척 쓰렸다. 다행히 설왕설래하던 세법이 바뀌어 취득세 일부를 돌려받은 것에 은혜를 입은 것처럼 만족했다. 순진한 서민은 말斗로 바치고도 위에서 되升로 돌려주는 법이 그저 고마울 뿐이었다.

법은 내 편인가. 생활에 밀접하게 적용되는 법은 개인과 개인, 개인과 집단, 집단과 집단의 대립이 생기면 한 쪽의 이익을 대변하는 속성이 있다. 피자 한판을 앞에 놓고 누가 많이 먹는가 하는 게임과 유사하다. 그러니 우리 같은 아랫사람은 '법대로 하자'는 말을 함부로 좋아해서는 안 될 일이다. 자칫하다가 피자는커녕 부스러기 꽁다리조차도 뺏기는 경우가 생긴다.
　하다못해 교통위반에 걸리더라도 그저 법대로 하지 마시고, 먹고 사는 처지가 이러하니 제발 굽어 살펴 주십사 청원하는 것이 상책이 아닐까 싶다.

나는 부자다

 나는 부자다. 언제부터인가 나도 모르게 부자가 되어버렸다. 내 이 두 귀로 두 사람들이 둘러 앉아 군위에 가면 홍 선생네 땅을 안 밟고는 한 발자국도 못 움직인다는 말을 심심찮게 들은 바 있다. 내 고향은 군위가 아니라 더 북쪽 예천인데도 희한하게 그 소문은 돌고 돌았다. 어쨌든 나는 돈이 많은 부자라는 소리를 지금도 듣고 있고, 그 소리가 조금도 싫지 않다. 아니 은근히 즐기는 편이다.
 곰곰이 생각해 보면 내가 돈좀 있다는 소리를 듣고 있는 까닭은 아마도 돈 안 되는 문예잡지를 만들고 있기 때문이 아닐까 싶다. 십 수년 전 무슨 심정이 발동했는지 나는 계간으로 발간하는 문예지 한 권을 창간했다. 물론 돈을 벌 목적은 애초에 없었고, 글을 쓰는 사람으로서 무슨 사명감 같은 것이 솟구쳐 올랐던 것 같다.

 내가 책을 만든다고 하자 주변 사람들은 골병드는 일에다가 돈까지 부어대는 정말로 영양가 없는 일이라고 하나같이 말렸다. 문예지라는 것이 만들어서 판매가 되고, 그 돈으로 또 다음호를 만들어야 하는데 사 볼 사람이 없다고 했다. 절대로 안 팔릴 것이라 했다. 그런 건 정말로 돈 있는 사람들이 하지, 나같이 아이들이나 가르치는 선생은 감당하기 어려운 일이라 했다.

 과연 주변 사람들의 예측은 조금도 틀림이 없었다. 천오백 권을 찍어서 전국에 돌렸더니 그나마 관심을 보인 이는 손가락으로 셀 정도의 몇몇이었다. 얼마나 구독자가 없느냐 하면 내 딴에는 가장 친하다고 생각한 30년 지기 친구에게 책을 보냈더니 일 년 동안 망하지 않는다면 사주겠노라고 해놓고 지금까지 받아보기를 피하고 있을 정도다. 이 비경제적인 노릇을 십 수년 동안 해오면서 적어도 수억 원을 깨먹었으니, 그러고도 집에서 쫓겨나지 않았으니 분명 방 안에다가 돈을 쟁여놓고 쓰는 부자라고 부를 만도 하였다.

 사실은 거기에다 내 태도에도 문제가 있긴 했다. 사람들이 내 주위에 둘러서서 "돈좀 있으시지요?" 하고 부추겨 세울 때는 내 입으로 있다고도 하지 않았거니와 한 번도 없다고 한 적이 없었다. 그냥 애매하게 이도 저도 아닌 표정을 지으며 씨익 웃었을 뿐이었다. 굳이 한 마디 답을 해야 할 형편에 놓여도 고개를 앞뒤로 끄덕이며 그저 "글쎄" 하고 말꼬리를 흘리곤 했다. 그러면 사람들은 그것을 인정의 표시로 받아들이고 나를 귀히 앞자리에 데려가 앉히고는 가슴에 주먹만 한 꽃까지 달아 주었다.

부자는 대우가 좋았다. 이 조막만한 몸이 어디 가서 그런 처분을 받겠는가. 어차피 나가야 할 자리였고, 나가면 약간의 경비를 내야 할 형편이라면 거기에 조금만 더 얹으면 될 일이었다. 그런 자리가 또 그렇게 자주 돌아오는 것도 아닌 것이니 그만한 대가로 크게 살림 말아먹을 일도 아니었다.

그러니 내 생각은 이렇다. 어디 가서 손사래를 쳐대며 없는 티를 내는 일은 절대로 해서는 안 될 일이다. 없다고 궁색을 떨고 뒤로 물러선다고 해서 누가 그 처지를 봐주고 또 둘러서서 막아주는 세상이 아니다. 그렇다고 돈좀 있다고 해서 은행을 옆에 두고 돈 빌리러 오는 사람도 없고, 돈 빌려주는 부자도 없는 세상이다. 굳이 없다고 해서 돌아오는 것은 오직 없다는 대우뿐이다. 그냥 한 쪽 구석에서 코를 처박고 밥 한 그릇을 후딱 퍼먹은 뒤에 옆문으로 비실비실 사라진다 해도 눈길 하나 없다는 말이다.

생각해 보면 내가 또 그리 부자가 못 될 이유가 없다. 한

끼 밥을 얻어 먹으러 이 곳 저 곳 찾아다니는 것도 아니고, 한 몸 의탁할 거처가 없어 전전하는 처지도 아니다. 짜다라 빌릴 일도 빌려줄 일도 그리 없다. 얼마면 부자가 될까. 부자가 된다고 딱히 정해 놓은 커트라인도 없다. 십억이면 많다고 할까. 백억, 천억이면 부자라고 할까. 억만 있어도 부자 소리를 들을 것 같다. 지금 백만 원만 있어도 입이 찢어지고 머리는 온갖 생각으로 든든할 것 같다.

그저 웬만하면 다 부자다. 어디 가서 있네 없네 말고 그저 애매하게 한번 씨익 웃어 보이면서 부자로 당당하게 살 일이다.

이월의 끝자락

　이제 이월도 며칠 남지 않았다. 고작 하루 이틀 모자라는 이월인데도 해마다 허둥대며 의미 없이 보낸 달이었다. 아마도 꽃피는 삼월이 되면 하는 막연한 기대감이 있었기 때문인지도 모르겠다. 그래서 올해는 바람 끝이 아직 매서운데도 봄을 서둘러 맞겠다며 남해안 도로를 굽이굽이 달려갔다.
　달아공원에서 내려다보이는 바다는 아찔하게 현기증이 나는 윤슬의 연속이었다. 저 수평선 끝에서는 분명 푸른 봄이 밀려오고 있었다.
　그 기분에 젖어 배를 타기로 했다. 통통거리는 여객선은 십여 분만에 우리 일행을 작은 섬 연대도에 내려놓았다. 섬은 육지와 또 달랐다. 벌써 매화가 만발하였고, 동백은 피고 지고 있었다. 두어 시간이면 섬을 한 바퀴 돌아볼 수 있다는 안내를 듣고는 출렁다리를 지나 이웃섬 만지도로 건너갔다.

해변 데크길을 걸으면서 일행은 하나둘 두꺼운 옷을 벗었다. 뒤따라오던 누군가가 "내 몸 좀 만지도, 만지도 하다가 '만지도'가 되었다" 고 하는 농담소리를 웃음경 삼아 만지봉 초입에 들어섰다. 숲은 겨울의 흔적을 지우는 중이었다. 나무와 풀은 흥건한 수액으로 연록의 잎들을 무성하게 채색하고 있었다. 만물이 생동하고 있는 봄의 현장이었다.

완만한 언덕길을 오르며 땀이 날 때쯤이었을까. 일행은 일제히 탄성을 질렀다. 탁 트인 하늘과 바다, 사방의 눈길이 무한히 자유로운 평지가 펼쳐졌다. 그 위로 온몸을 스쳐가는 훈풍이 불어왔다. 그리고 발아래는 온통 쑥, 쑥이 깔려있는 쑥의 들판이었다. 쑥은 소생의 식물이다. 겨울이 물러가는 기미만 보여도 저 먼저 알고 이곳저곳에 다시 솟아나서 왕성하게 생명을 이어가는 풀이다. 우리는 그 들판에 앉아 목을 축이면서 나이가 들어서는 이런 풍광 좋은 곳에 와서 살아야 한다는 말까지 나누었다.

몇몇 여자 일행은 앉은 자리에서 슬금슬금 쑥을 뜯었다. 이 섬의 산에서 나는 것이나 물에서 나는 것을 함부로 건드렸다가는 큰일날 수도 있다고 일렀건만 명징한 자연을 탐하는 마음을 누를 수가 없었던 모양이었다. 그 중에 한 사람이 공범이라도 만들 양인지 슬쩍 내 가방에 쑥 한 줌을 넣어주면서 무를 채썰고, 콩가루를 얹어 쑥국을 끓이면 봄철 별미로 기가 막힌다고 했다. 마침 나는 그 알싸한 쑥향을 맡으면서 어이없게도 어둔 방에 갇혀서 잠에 빠져 있는 우리 집 곰을 생각하던 참이었다.

사실 요즘 우리 집 골방의 문은 닫혀 있다. 가끔 문을 열어보면 웅크리고 누워 동면에 빠진 듯도 하고, 때로는 컴퓨터 앞에서 무얼 하는 것 같은 꼭 곰 덩치만한 아들 녀석이 있다. 저 나이에 그래도 밥벌이도 하고 가정도 꾸려가며 이런 봄날이면 놀이공원에라도 가야 하는데 하는 안타까움이 크다. 하지만 제 깜냥이 못 미치고 요즘 세상이 보통 어려운 것이 아니라고들 하니 우선은 위로하는 마음이 앞서기도 한다.

아들은 집 가까이 있는 지역의 대학을 다녔다. 학교를 다닐 때는 펀드매니저가 어떻고, 자격증이 어떻고 해서 그럭저럭 기대가 없지 않았다. 졸업을 하고는 무역을 하는 곳에 가야 한다며 서울에 가서 일 년 남짓 살다가 왔다. 아마 벌이가 안 되는 일을 맡아 몇 달씩 이리저리 자리를 옮겨 다니면서 큰 고생을 하였던 모양이었다. 그리고 돌아와서는 골방의 곰이 되었다. 미루어 짐작하건데 이 시대에 골방에서 동면하는 곰들이 어찌 한두 집에만 그치겠는가.

　겨울의 끝자락인 이월은 짧은 달이다. 금방 삼월이 온다. 우수가 지났으니 곧 만물이 깨어나는 경칩이다. 경칩은 소생의 신호다. 예로부터 자고 있는 곰을 깨우는데 쑥국이 그리 좋았다고 하니 이번 이월 끝자락의 나들이는 제대로 봄맞이가 되었을 것도 같다. 통통배를 타고 돌아오는 길 내내 남해의 찬란한 바다, 그리고 소생의 봄을 품에 가득 안았다.

프로는 다르다

나는 두어 달에 한 번씩 대학병원에 정기 진찰을 받으러 간다. 오래 전부터 발목이 부어오르는 증상이 있어서 이곳저곳 다녀보다가 우연한 기회에 맞는 병원을 찾게 된 것이다.

나를 담당하고 있는 의사는 30대 후반의 젊은 교수다. 나는 그를 만날 때마다 뜻밖의 대접에 당황하곤 한다. 그는 진찰실에 들어서는 나를 향해 언제나 몸을 조금 들어올리며 "선생님, 오셨습니까" 하고 인사를 한다. 그에게 치료를 받은 지가 2년이 넘었건만 그 정중한 인사가 생략된 적이 없다. 나는 그 대우에 황송해서 더욱 고개를 깊이 숙이고 인사를 드린다.

이상한 일이다. 그는 나에게 배운 제자도 아니요, 인척도 아니요, 바깥에서 스치듯이 만난 적도 없는 사람이다. 단지 의사와 환자 이외에는 어떠한 인연도 없는 사이다.

그는 환자들이 줄을 지어 기다리고 있어도 앞에 앉은 사람을 얼른 돌려보내고 싶은 마음이 없어 보인다. 나의 경우는 그저 약을 처방 받고 돌아오는 일이 대부분인데도 발가락이며, 발목, 무릎, 그리고 양 팔꿈치까지 세세히 만져보고는 그제야 통증이 있었느냐, 약을 먹고 위장장애는 없었느냐 등등의 문진을 시작한다.

한번은 이런 일도 있었다. 시간이 나지 않아 부득이 아내를 대신 보냈더니 선생님 잘 계시냐며 안부와 함께 약을 꼭 빼먹지 말라는 당부와 함께 다음번에는 꼭 와서 검사를 받으라는 쪽지를 적어 보내왔다.

무슨 까닭인지는 모르겠으나 혹시 나에게만 이런 후한 대접을 하는 게 아닌가 하는 생각을 하기도 했다. 내 주변의 아픈 사람을 몇몇 그에게 보내고 나서는 그 생각도 틀린 것을 알았다. 누구에게나 똑 같이 그런 대우를 하는 것이었다.

그 후 나는 그를 전폭적으로 신뢰하여 그가 시키면 시키는 대로 움직였다. 그 결과 심한 통증으로 고생하는 일이 없어졌다. 그의 남다른 열성을 생각하면 만에 하나 그의 처방이 잘못되어 끙끙 앓아눕는 일이 있다 해도 그를 원망하는 마음은 생길 것 같지가 않다. 그래서 요즘 나는 그가 해외로

프로는 다르다 91

몇 년간 연수를 가게 되거나 아니면 멀리 떨어진 곳에서 개업을 하지나 않을까 괜스런 걱정을 미리 한다. 앞으로 또 아플 일이 생길지도 모르니 그의 형편과 관계없이 이곳에 오래 있어주길 바란다.

내가 생각하기에 그는 프로다. 무늬만 요란한 전문가가 아니다. 바른 마음을 앞세워 뭇 사람에게 인술을 널리 실천하는 진짜 프로의사다. 프로는 어느 방면에서나 뭐가 달라도 다른 법이다.

이렇게 사는구나

    오랫동안 사회생활을 하면서 내 나름대로는 보고 들은 것이 제법 있다고 생각해 왔다. 비록 구석진 시골이지만 관리자가 되어 이런저런 사람들을 만나고, 두루두루 다녀보아서 어느 정도 세상살이를 안다고 생각했다. 그러나 지난 주말 서울나들이에서 참으로 살아가는 모습이 다양하고, 있는 집 없는 집의 계층도 그리 단순하게 구분되지 않는다는 것을 새삼 알게 되었다.
    사실 청첩장이 왔을 때부터 살짝 느낌이 다르긴 했다. 바쁜 일정 중에도 왕림해 주십사 하는 문구 속에 당신은 우리의 잔치에 축하객으로 선정되었다는 뉘앙스가 숨어 있기는 했었다. 그리하여 기쁜 마음으로 찾아간 결혼식장은 도심에서 조금 벗어난 곳에 있었다. 으레 그 복잡한 곳에 차를 가져가야 하나 하는 평소의 걱정은 할 필요가 없는 곳이었다. 차뿐만 아니라 사람들도 어디로 숨었는지 띄엄띄엄 눈에 띌 뿐이었다. 이 호텔 예식장은 한 층에 한 팀만 받는다고 했다.

식장 안은 관현악의 합주 속에 더없이 평온하였다. 안내원의 섬세한 손길에 따라 지정석에 앉았다. 만장 같이 넓은 자리에 손님은 이쪽저쪽으로 나뉘어 200명 남짓 될까 싶었다. 그때부터 일정에 차질이 생겼다. 얼른 부조를 하고 혼주를 만난 뒤 식당에 가서 허겁지겁 음식을 담아 먹고 다음 볼일을 보려던 계획을 변경해야 했다. 이런 결혼식은 자리를 지키며 순서에 따라 꼼짝없이 세 시간 동안 잡혀 있어야 된다고 했다.

식장이 어떻게 꾸며져 있고, 행사가 어떻게 진행되며, 테이블 위에 음식이 어떻게 차려지는지에 대해서는 짧은 필설로는 적을 수가 없겠다. 다만 처음 접해보는 풍경에 입안에서는 수시로 '햐, 햐. 이렇게도 사는구나' 하는 탄성이 거듭거듭 새어 나왔다. 그렇다고 행사의 주인 되는 분이 무슨 재벌가도 아니요, 권력자가 아니요, 연예인도 아니다. 그저 평소에 가까이 지내는 이웃이라는 게 혼기에 찬 자식을 둔 나의 마음을 죄어 왔다. 더구나 내 입으로 들어간 음식값이 부

조금의 두 배 가까이 된다는 말에 앉은자리가 불편했다.

　예식을 마치고 다음 일정으로 찾아간 지인의 아파트는 예술의 전당 앞에 있었다. 아파트 입구는 소박하게도 노란 국화들로 잔잔하게 단장을 해놓았다. 그러나 출입문에 들어선 순간 그 국화꽃들은 분명 위장일 거라고 단정해 버렸다.
　1층 로비는 어느 고급 호텔의 잘 꾸며진 안내 데스크 못지않았다. 검은 색 슈트를 입은 젊은 직원은 방문록을 작성하고 정중하게 엘리베이트까지 안내를 맡았다. 미동과 소음을 조금도 허락하지 않은 엘리베이터에서 내리자마자 또 한 번 내 눈이 요동을 쳤다. 한 층에 네 가구가 산다는 복도는 조금도 과장 없이 천장만 조금 높이면 배드민턴을 칠 수 있을 만큼 넉넉했다. 매끈하게 잘 닦아놓은 대리석은 어느 한 군데도 턱이 진 곳이 없이 집안까지 일자로 연결되어 있었다.
　우면산이 보이고, 예술의 전당이 내려다보이는 지인의 서재에 마주 앉았다. 그 멋진 배치에 내 입에서는 또 '햐, 햐. 이렇게도 사는구나' 하는 탄성이 새어 나왔다. 물론 지인은 무슨 재벌가도 아니요, 권력자가 아니요, 유명인도 아니다. 평소에 가까이 지내는 문단의 선배요, 학교에서 아이들을 가르치는 선생이다.
　잠시 뒤 안주인이 차를 들고 왔다. 단정하게 다듬은 올림

머리가 무척 세련되어 보였고, 아라베스크 무늬인 듯한 원피스 위에 얇은 카디건은 어디서 구했을까 싶었다. 조용하게 찻잔을 나누어 내려놓는 손길에는 품위가 배였다. '그래 이집은 또 이렇게 사는구나.'

늦은 밤길, 막차를 타고 집으로 돌아왔다. 덜컹거리는 엘리베이터가 지친 몸을 힘겹게 끌고 올라갔다. 현관문을 열자, 아내가 쥐어뜯은 것처럼 산발한 머리를 긁으며 거실로 나왔다. 헐렁한 몸빼바지에 지난번 주민달리기 때 공짜로 얻은 허연 러닝셔츠를 입은 채였다.

제3부
칼의 몰락

화령별곡
꽃재할매
목욕탕에서
나무 구경
지동댁 정초 일기초
칼의 몰락
통영
아루스 사랑
실에 대하여
물신

　겨드랑이를 스치고 사타구니를 비껴가는 알몸의 안온한 자유도 옷장을 열고 세상의 옷들을 하나씩 걸치면서부터는 무디어질 수밖에 없다. 결국 집으로 돌아오는 사이에 나는 열쇠꾸러미를 만지작거리며 이전보다 개수를 더 늘릴 궁리에만 골몰할 것이 틀림없다. 그러면서 지친 몸이 칭얼거리는 주말은 또다시 돌아올 것이고, 알몸으로 비워지는 즐거운 일요일의 나들이에 마음은 잠시 동안 부풀어 있을 것이다.

화령별곡 花嶺別曲

　내가 산으로 거처를 옮긴 지도 벌써 십 수년이 흘렀다. 띠풀로 지붕을 이고, 흙벽으로 방을 꾸며 작은 한 몸 누웠으니 심신이야 그지없이 편안하다. 낮이면 따사로운 햇살과 부드러운 바람이 때를 맞추어 찾아오고, 밤이면 달과 별이 늦도록 벗이 되어 세상일은 까마득하고, 세월이 얼마만큼 흘러간 줄 셈을 할 수 없다.

　봄 아지랑이가 산등성이를 덮는가 싶더니 어느새 찬 서리 내려 나뭇잎 우수수 떨어지고, 입동을 재촉하는 눈비에 날아가던 새들도 자취를 감추었다. 짧은 해 쉬 지고 긴긴 밤 웅크리고 누워 적막강산 외로운 처지를 돌아보면 불현듯 생각나는 것이 내 인생의 역정이구나. 막상 입을 열자 하면 자랑할 일이 없고, 그렇다고 말자 하면 영영 묻혀질까 염려되어 무딘 글로 두어 자 적어 본다.

선대께서 당쟁에 밀려 궁벽한 소백산 자락 화령에 터를 잡고 대를 잇게 하였으니 퇴락한 가문, 궁핍한 가세에 내 몸이 본디 귀하다고는 할 수 없다. 철들면서 이 집 저 집 남의 문간을 기웃거려 푼돈이나마 모은 덕에 열여섯을 겨우 넘겨 장삿길로 들어섰다. 유천, 예천, 개포, 용궁, 5일장을 돌면서 철 따라 모전을 보기도 하고, 낙과도 내다 팔아, 어두운 게 장사 이문이라 하루하루 다닐수록 발걸음이 가볍고 재미가 쏠쏠하였다. 일 년 하고 열두 달을 빠짐없이 돌다 보니 인연도 따라붙어 아장아장 화령 꽃재를 넘어온 경주 손 씨녀를 만나 드디어 일가를 이루었다.

겸연쩍지만 손 씨녀는 숙맥처럼 무던하여 나로서는 참으로 과분하였다. 일심으로 수레를 끌고 밀며, 천막을 치고, 장을 펴고, 식은 죽밥 함께 먹고, 이 장판 저 장판을 돌면서도 남다른 정분 끝에 자식 여섯을 두었다. 세상살이가 어찌 생과 낙만 있을까마는 고통은 삶의 보람에 묻히고 왜정, 광복, 동란을 겪으면서도, 자식은 무병무탈로 무럭무럭 장성해 어느덧 정든 슬하를 떠나 하나 둘씩 떠나갔다.

세월이 유수 같아 장돌뱅이 이력으로 회갑년을 넘기자 근동에서 제일가는 갑부 소릴 듣게 되고, 자식 또한 자식을 낳고 그 자식이 또 자식을 낳아 무한히 번성하였으니 참으로 후회 없는 인생이었다.

 아마도 그 일이 계축년이었던 모양이다. 일련의 무리들이 마을로 쳐들어오는 황당한 일을 당하였다. 산을 뒤집고 옥답을 깔아뭉개 비행장을 만든단다. 천부당한 말씀이요, 만부당한 일이었다. 동란의 포탄 속에서도 주추를 깔고 기둥을 세운 집을 어찌 버릴 수가 있단 말인가. 쇠똥 개똥 주워 만든 피 같은 문전옥답을 어찌하여 자갈길로 덮을 수 있단 말인가. 일족들은 짐을 꾸려 뿔뿔이 떠나는데 나로서는 참으로 불가한 일이었다. 울며불며 빌어 보고 멱살을 잡아 봐도 나라 힘을 막아내지 못하였으니 철망 옆에 움막을 짓고 허물어지는 내 집터를 바라볼 수밖에 없었다.

 밥을 먹다가도 멀뚱멀뚱, 잠을 자다가도 일어나 비몽사몽 헤매며, 허둥지둥 다니다가 어느 날 그예 화물차에 받혔으니 내 일생이 이렇게 마감을 하였다. 덩실덩실 춤추며 꽃가마 타고 올 길을 거적때기에 가로누워 눈물 아롱 왔으니 서럽고도 한스럽다. 일가친척 처자식과 수인사도 없었으니 아직 입에 품은 말들은 태산처럼 남았구나.

 으스스한 가을날에 소식이나 알자고 한 손은 등걸 잡고, 한 손은 이마 짚어 먼 길을 바라보니 묶인 몸 묶인 두 발로 어찌 온 길을 되짚어 갈 수 있을까. 알뜰살뜰 내 맘을 헤아려 소식 전하는 이도 없으니 무심중에 원망하는 건 손씨녀 뿐이로구나. 원망 끝에 걱정이라 홀로 남은 몸이 괄시는 받지나 않을는지, 가뜩이나 굼뜬 몸놀림에 조석 죽밥은 넉넉하게 드는지.

이런 저런 생각 끝에 두런두런 기척이 들려 두 귀를 쫑긋하니 아니 이게 누구던가. 일 년에 두어 번씩 추석 묘사 때를 맞춰 자손들이 앞앞이 손을 잡고 나를 찾아오는구나. 객지 각처 흩어져서 씨를 뿌리고 살던 후손이 일시에 모여들어 경충경충 우거진 쑥부쟁이를 자른다, 아카시아 넝쿨을 뽑는다, 한참 동안 모양을 내더니 한잔 술을 부어 놓고 일시에 엎어진다. 오랜만에 화기가 만당하여 원망의 심정이 봄눈 녹듯 하였으나 웃음도 잠시일 뿐 주춤주춤 뒤를 보며 모두들 떠나간다. 나무들 사이로 옷자락이 멀어지고 말소리조차 끊어져 이제 아주 적막하니 가슴이 울컥하고 눈물마저 도는구나.

무서리가 짙게 내린 동짓달 어느 아침, 언덕 밑이 소란하여 선잠을 깨었더니 뜻밖에도 애틋한 곡소리가 심정을 섧게 한다. 퍼뜩 지나가는 생각에 미수 지난 손 씨녀가 그에 세상 이별하고 내 곁으로 오는구나 하였더니 어찌하면 좋으랴. 올 사람은 아니 오고 전도가 창창한 구만리 길의 막내놈이 무슨 일 그리 급해 앞장서 오는구나. 억장이 무너지고 애달픈 마음은 천지보다 깊고 넓다.

  깊은 밤 부자가 손을 잡고 네가 어쩐 일이냐 끝없이 물어본들 썩은 가슴 부여안고 피를 물고 누운 자식 어쩔 도리가 있을까. 이 세상에 먼저 와서 어린 자식 맞으니 가련한 맘 가없어도 세월이 약이던가. 하룻밤은 저가 와서 내 등을 토닥이고 하룻밤은 내가 가서 저 가슴을 쓸어 주니 길고 긴 동지 밤도 그럭저럭 지나간다.

  엄동설한 지나가고 정월 이월 당하여 죽은 풀이 소생하고 마른 나무에 움이 돋자 화령 꽃재에 개화만발 우거진다. 춘흥이 절로 일어 사립문을 열어 놓고 흘러가는 개울물에 소식을 전해 본다.

  긴긴 인생 함께 살다 늘그막에 홀로된 손 씨녀는 무슨 미련 그리 많고 어떤 영화를 누리기에 한자리에 눌러앉아 떠나올 줄 모르는가. 세상사람 말과 달리 이곳에도 봄이 오면 양지녘에 햇볕 들고, 온갖 잡새 노래 불러, 터를 잡고 누웠으면 살 만한 세상이다. 부디 잰 걸음으로 달려와 다시 한번 손을 잡고 남은 인연 이어 보길 축원하고 축수한다.

꽃재할매

 살긴 내가 참 오래 살았지. 아흔을 넘긴 지가 벌써 얼마인
가. 그래도 안 죽누 걸 어째. 에미하고 애비는 내 명이 모질
다고 하겠지만 숨이 안 떨어지는 걸 인력으로 어쩔 수 있나.
그래서 이렇게 아침 바람에 바깥 출입이라도 나서는 기 서
로 간에 수월치. 상늙은이 하고 중늙은이가 종일 방바닥만
쳐다보고 앉았으면 뭐해. 남들이사 욕을 하겠지. 그래도 내
사 토굴 같은 방구석에 죽은 듯이 누워있는 기 싫어. 숨을
쉬는 단에는 사람 새 섞여 있어야지. 늙었다고 왜 귀를 막고
눈을 감고 사노.
 거기다가 하루 한 때씩 바깥에서 줄이는 기 어데고. 관에서
돈을 대 밥이 나온다 카던데 별별끼 다 나오더라고. 집에 있어

봐야 아적에 먹던 된장이나 대충 더파 가지고 한술 뜨는 둥 할 낀데. 하여튼 거기서는 가만 앉아 있어도 심심찮애. 사시사철 방 뜨시지, 더운 물 술술 나와 수시로 목욕을 해도 누가 뭐라고 하나. 그러니 늙은이들로 온통 모종을 부어 놨어. 내가 요새 낙이라곤 거기 댕기는 거밖에 없는 택이지.

 그런데 글쎄 애비가 노는 차로다가 쪼르르 실어다 주면 내가 큰 덕을 볼 텐데 그걸 안 해 주니 내가 아침마다 이렇게 힘이 드는 거 아이가. 이쪽 길이 질러가는 길인데도 니 한번 봐라. 저 높은 산만디까지 계단이 몇이나 되겠노. 한 백 계단은 되겠제. 늙은 다리가 허방질을 해가며 올라가는 줄 뻔히 알고도 당최 너거 애비는 덕을 안 비 주는구나. 이 길을 한 계단 한 계단 올라가다 보면 지나온 옛날 생각이 나고 해서 서운한 맘이 없다고는 못하겠다.

 무릎이 아프다고 몇 번을 졸라도 들은 척을 하나. 소리를 고래고래 지르면 그제서야 병원에 데리고 가는 시늉을 하더라만 병원엘 가도 의사람 놈이 "할매요, 너무 많이 써먹어 그래요. 어데 꿈쩍거리지 말고 집에 가만 들어 앉아 쉬이소." 그 따위 소리나 해대니 그기 말이 되는 소리가. 언제였던가 너거 에미 목덜미가 어떠니 할 때는 며칠씩이나 집을 비워 가며 큰 병원으로 들락날락거리고 약을 포대기로 쌓아 놓고 하더라만.

회관 일만 해도 그렇지. 다른 자식들은 수시로 빵 봉지도 사다 나르고 어떤 이는 떡을 몇 말씩이나 해서 부모 얼굴을 드러내는데 맨날 얻어먹는 나는 얼마나 낯이 바시겠노. 그저 드문드문 한 번씩만 인사를 해도 내가 사람들한테 대우가 달라질 낀데. 아니 그건 둘째 치고 오다가다 차에 친다고 아예 나댕기지도 마라 하니 그기 날 위하는 기가?

어제만 해도 그래. 내사 회관에 가도 상늙은이라 그저 뒤에서 무던히 앉았다 내려오곤 하는데 어제는 글쎄 사람이 없었던지 자꾸 나를 화투판에 불러들이잖아. 할 수 없이 십원짜리 민화투판에 더듬더듬 끼긴 했는데 먹을 끼 없고 낼끼 없으면 한 순배는 그저 손에 쥐고 돌아가는 수도 있고, 어떤 때는 눈이 희미해 짝도 못 맞추는 수도 있고 다들 그러잖아.

그런데 고놈의 할마시가 자꾸 때때거리면서 따지고 부애를 얼마나 지르는지 어째 손을 내지른다는 기 그놈의 할마시 눈티에 맞아 소리를 지르고 난리 야단이 났었지. 그러면 보통 거기서 대충 끝낼 일이지 집까지 쫓아와서 노망을 했다는 둥, 회관에 보내지 말라는 둥 애비한테 온갖 해악을 퍼부어 대는 건 뭔 경우고.

뭐든 어지간히 하고 넘어가야 맞는 일인데 가만 들어보니 아 글쎄, 애비가 연신 허리를 꺾어가며 그놈의 할마시 비우를 맞추고 그것도 모자라 나중에는 우동까지 시켜주면서 아주 기를 살려주고 그러더라.

이래저래 암만 생각해도 나를 두고 아주 뭉갤려고 작정한 것 같애. 집에 있으나 어딜 가나 그저 한 살이라도 더 먹은 늙은이는 구석으로 밀어낼라꼬 온갖 난리를 치는 것 같단 말이야. 그런다고 내가 물러서기나 해? 내가 당장 고갤 숙여 봐. 그날로 그만 떠밀리는 목숨이야. 뭣 때문에 사는 날까지 기를 꺾어가며 살아.

생각해 봐라. 내가 이렇게 숨을 쉬고 있는 것도 그저 공으로 있는 기 아니잖아. 따지고 보면 에미나 애비는 지킨 거밖에 없어. 너거 할부지가 갈퀴손이 되어 다 일구어 놓은 거 아이가. 그러니 내가 지금까지 살아도 어째 공으로 먹고 있다 카겠노.

그건 그렇고. 이렇게 산만디에 올라서니까 시원하게 저 아래가 다 보이지? 저기 강물 좀 봐라. 저놈의 강은 어째 저래 한결 같겠노. 십 년 전이나 이십 년 전이나 한날한시 같네. 내 맘이 똑 저래. 오래 살았다곤 해도 그저 잠시 한숨 자고 나온 것 같은데 세월은 어째 이리도 쏘아놓은 화살 같겠노.

그래, 니는 오늘 올라가야제? 가거든 잊어버리지 말고 아까 한말 대로 다리 아픈 약이나 퍼뜩 지어 보내거라, 당최 다리가 시큼거려 살 수가 있어야지.

목욕탕에서

　별다른 일이 생기지 않는 한 나는 일요일 아침마다 목욕탕에 간다. 오래 습관이 들어서인지 몸이 요일을 먼저 알고 기다리는 눈치여서 웬만해서는 빼먹는 일이 없다. 마침 내가 살고 있는 동네에는 목욕탕이 몇 군데나 있고, 차를 타고 잠시만 나가면 이름난 온천들이 있어 일요일 아침 나들이에 제법 재미를 기대할 수 있다.
　내가 기꺼운 마음으로 목욕탕을 찾는 데는 그만한 까닭이 있다. 무엇보다도 겹겹이 걸치고 있는 세상의 옷을 벗고 온전하게 알몸이 되는 묘미가 만만滿滿하기 때문이다. 살면서 옷을 훌훌 벗어던지기란 그리 쉽지 않은 일이다. 가려진 내 집이라 해도 벗고 있을 수는 없는 노릇이고, 설령 혼자 있다

해도 알몸이 된다는 것은 괴이쩍은 일이다.

 그러고 보면 사람은 평생 동안 가리고 살고 또 사후에도 옷을 벗어 빈 몸이 될 수 없는 존재가 아닐까 하는 생각이 든다. 그러니 잠시라도 알몸으로 뒹굴며 돌아다닐 수 있는 목욕탕이야말로 가벼움을 거침없이 즐길 만한 곳이 아니겠는가.

 그런 기분에 오늘도 나는 쌀쌀한 추위를 무릅쓰고 목욕탕 나들이에 나선다. 하지만, 현관문을 잠그고 돌아서는 순간, 손에 가득 잡히는 느낌이 머리를 복잡하게 한다. 오늘따라 새삼스럽지도 않은 열쇠꾸러미가 무겁게 느껴지기 때문이다.

 나는 천천히 계단을 내려오면서 주머니 속에서 주렁주렁 잡혀 있는 열쇠들을 헤아려 본다. 현관 열쇠가 두 개일 터이고, 차 열쇠에다 사무실을 열고 들어가서 여는 또 서랍 열쇠, 요즘 새로 추가한 창고 열쇠까지 셈을 해나가다가 그만두기로 한다. 아마도 목욕탕 입구에서 한두 개의 열쇠를 더 받으면 열 개는 족히 넘으리라.

 이제 입장료를 들이밀고 옷장 열쇠와 신발장 열쇠를 정중하게 받아 든다. 온갖 냄새가 풍기는 신발을 넣고 잠그고, 또 세상의 전투복을 벗어 넣고 또 잠근다. 사람은 잠시라도 자신의 것을 가두고 잠그지 않으면 편할 수 없는 존재다.

 목욕탕에 들어서면 나는 옷을 벗고도 욕실에 들어가려고

서두르지 않는다. 몸에 감겨오는 선뜻함을 즐기며, 두 손으로 온몸을 비비거나 팔을 휘두르는 시늉을 하면서 일부러 시간을 끄는 것은 욕실 문을 열고 들어설 때의 후끈하게 알몸에 부딪혀 오는 열기를 느긋하게 즐기기 위해서다.

수증기에 싸여오는 그 끈적한 훈기는 언젠가 아주 오래전에 알몸으로 느꼈음직한 비릿한 원시내음 같은 것이다. 거기에다 샤워기에서 쏟아지는 물줄기를 한참 동안 머리로 받고 있노라면 한 주일 동안 머리를 가득 채웠던 고약한 생각들이 온몸을 타고 내려와 발밑에서 후련히 사라지는 느낌이 든다.

목욕탕에서의 짜릿함은 아무래도 열탕에 몸을 담글 때다. 두 발을 담그면서 시작되는 따끔한 가려움중은 슬그머니 사타구니를 지나 가슴께를 거쳐 목에 이르면 저절로 신음을 토하게 하는데 그 순간 온몸의 숨구멍은 일제히 뜨거운 기운을 받아들이고 그 기운은 다시금 휘돌아 머리로 솟구쳐 오른다.

그러면 지친 심신이 세상에서 감당했을 등짐이라도 덜어내려는 듯 '끙' 하는 깊은 탄식이 흘러나오고 이때부터 나는 명상가인 양 눈을 감으며 잠시 미루어 두었던 주머니의 열쇠꾸러미를 떠올려보는 것이다.

사실 이 순간만큼은 옷장 속의 열쇠꾸러미 따위는 망각의

깊은 늪에 잠재워 두고 싶은 심정이다. 알몸이 빠져나간 뒤의 껍데기들만 꼭꼭 가두었을 저 열쇠들은 언젠가는 벗겨내야 할 묵은 때와 같은 것들이다. 이중 삼중으로 걸어 잠갔을 저 편 너머의 허접쓰레기 같은 살림살이들이며, 애지중지 끌어안고 있던 명패들이며, 불쏘시개와 같은 책 나부랭이들이 도대체 무엇들이란 말인가. '그래그래 아무 것도 아니지' 하는 생각이 들면 더불어 콧노래가 흥얼거려진다.

  이쯤 해서 나는 자리를 옮겨 젖은 몸을 말리고, 거울 앞에 서서 몸을 비춰보는데 족쇄와도 같은 열쇠꾸러미에 지친 빈한한 알몸에게 진심으로 연민의 정을 보내는 시간이다. 이처럼 목욕탕에서의 알몸 행위는 기진하도록 반복되지만 욕실을 나설 때의 가벼움이란 이루 말할 수 없다.

  하지만 겨드랑이를 스치고 사타구니를 비껴가는 알몸의 안온한 자유도 옷장을 열고 세상의 옷들을 하나씩 걸치면서부터는 무디어질 수밖에 없다. 결국 집으로 돌아오는 사이에 나는 열쇠꾸러미를 만지작거리며 이전보다 개수를 더 늘릴 궁리에만 골몰할 것이 틀림없다. 그러면서 지친 몸이 칭얼거리는 주말은 또다시 돌아올 것이고, 알몸으로 비워지는 즐거운 일요일의 나들이에 마음은 잠시 동안 부풀어 있을 것이다.

나무 구경

 삼월도 중순으로 접어든다. 겨우내 웅크리고 있던 몸과 마음이 요동을 치며 채근을 한다. 산으로 들로 나가보잔다. 그래, 오늘은 한 나절을 작정하고 어디든 나가보자.
 영천에서 자양댐으로 오르는 길목에서 잠시 차를 멈춘다. 포은의 임고서원이다. 근래에 국책사업으로 웅장하게 단장을 해놓아 선생의 충절이 저절로 만 리까지 퍼질 듯하다. 선생의 영정 앞에서 깊이 경배 드리고, 흥문당 강당에 앉아 돌에 새겨놓은 단심가 한 수를 염송한다. '이 몸이 죽고 죽어.' 하지만 마음은 서원 초입에 서 있는 노거수에 가 있다. 그렇다, 오늘은 나무구경을 나왔으니 나무만 보기로 하자.
 오백 년의 은행나무 앞에 서자 저절로 숙연해진다. 나무는 가을에만 전설을 만드는 것이 아니다. 지금 삼월의 세상을 향해 무수히 내미는 저 생명의 촉들이 장엄하다. 촉은 잎의 어머니다. 그러니 금빛 요란한 가을의 나뭇잎보다 몇 백배나 더 눈부시다. 봄이면 어김없이 잉태의 책무를 다하는 저 노인네 나무 앞에서 아직은 젊은 나는 또 다시 나태함을 반성한다.

서원과 이웃한 임고초등학교는 아름다운 숲 가꾸기 경연에서 대상을 받은 학교다. 교정에 들어서면 수목과 화초들이 그 영예로움을 실망시키지 않는다. 그 중에서도 하늘을 가린 플라타너스를 바라보며 깊은 상념에 빠진다. 플라타너스는 욕망의 나무다. 우람한 그늘만큼이나 사방으로 가지를 뻗친다. 하지만 자신의 몸을 쳐내지 않고서는 그 무거운 몸뚱이를 유지할 수 없다. 스스로 가지를 부러뜨린 곳곳의 상흔들이 버려야 산다는 냉엄한 생존의 법칙을 증언하고 있다.

차를 몰아 자양댐 중턱에 오르면 강호정이 한 마리 학이 되어 호수를 굽어보고 섰다. 임란 때 의병장이었던 정세아가 향리에 세운 후학양성 학당이다. 오늘은 나무를 보기로 했으니 주변의 큰 키 소나무 군락이 눈에 새롭다. 강호정은 어느 때나 햇살이 따사로운 곳이나 곧게 둘러선 나무들의 높디높은 우듬지에는 매서운 바람이 불어친다.

고래로 소나무를 강학당마다 둘러놓은 것은 사철 푸른 선비의 기상 때문이었다. 여태까지 소나무를 두고 다정하다 이른 이가 있었던가. 나무 아래 그 누구도 두지 않는 성질머리에 빗대어 독불송이라고 한 이는 더러 있었으니 저 솔들의 성질이 홀로 고고하다.

차머리를 화북으로 돌려서 한참 달리면 외딴 서원을 만난다. 횡계서원이다. 삼백 년 향나무가 적막한 뜰에서 홀로 객을 맞는다. 그 나무가 애처롭다. 더러는 어린 학동들의 책 읽는 소리에 귀가 쟁쟁 즐거워 그 삶이 매우 향기로울 때도 있었다. 하나 텅 빈 속을 누가 알겠는가. 속 썩는 남의 인간사는 하늘도 모른다는 걸 횡계서원에서 배운다. 서원의 뒤를 보니 둘러선 언덕이 가파르다 비탈진 경사에 참나무들이 어깨동무를 하고 군락을 지었다. 저 나무들도 안다. 저토록 거친 땅에서는 저 홀로 살 수 없다는 것을.

중국집도 문을 열고 목욕탕 건물도 보이는 시골 마을 자천리에 차를 세웠다. 자천에는 110년이 넘었다는 자천교회가 있으니 이 또한 나무로 지은 집이다. 종각도 나무다. 오래된 교회는 아직도 남녀부동석인데 그 구분을 나무판으로 막아놓았다. 나무의 쓰임새가 다양다기하다.

자천 다리를 건너면 숲이 오 리나 된다는 오리장림五里長林이다. 숲 그늘에 들면 가슴이 서늘하다. 그늘 때문이 아니다. 나무들에게도 분명 영혼이 있다는 것을 인간의 촉이 감지한다. 왕버들, 굴참나무, 팽나무, 풍게나무 등등을 일별하다가 문득 연리목에 눈이 멈춘다.

세상에 이런 일도 있는가. 보다보다 희한한 연리목을 다 보겠다. 종種이 다른 회화나무와 느티나무가 그것도 세 그루가 삼각관계인 듯한 몸으로 붙어 있다. 별스런 나무를 보고 별놈의 생각을 다 추측해 본다. 인간사 별나다 하지만 나무사도 별반 다르지 않은 것이다.

이렇게 임고서원에서 오리장림까지 한 바퀴 두르는데 두어 시간이면 족하다. 자천에서 짜장면이나 한 그릇 비운다면 반시간쯤 더 여유를 부리면 될 일이다.

나무구경은 조예가 있어서 가는 길이 아니다. 그렇다고 안내자를 대동해야 하는 것도 아니다. 혼자 가도, 둘이 가도, 아니면 떼로 다녀도 좋다. 그저 나무를 보고 저도 사람이려니, 인생사와 같으려니 여기면 하루를 넉넉히 배우고 즐기게 된다.

지동댁 정초 일기초

 소백산 꽃재 너머 도정리道井里 지동池洞 양반은 부농이었다. 본디 그러했던 것이 아니라 부친 꽃재어른이 빈한한 집안에서 악전고투하여 당대에 쌓아올린 부였다.
 남의 집 머슴살이로 뼈를 갈아 해마다 전답을 사들이고, 오일장을 돌고 도는 장돌뱅이가 되어 한 푼 두 푼 돈을 불린 사연은 하루 저녁 필설로는 다 기록하지 못할 것이나 어쨌든 조석으로 돈을 구하고 곡식을 변통하려는 자들이 멀리 삽짝까지 줄을 이었으니 근동에서 소문난 갑부임에 틀림이 없었다.
 그런데 느닷없이 마을을 가로질러 비행장이 들어선다고 땅을 내놓으라는 통지서가 날아왔다. 통분할 일이었으나 서

슬 퍼런 군부시절이었으니 끽소리도 못한 채 땅을 빼앗기고 재산은 반 토막이 나버렸다. 그참에 일가친척들은 떠밀리듯 뿔뿔이 흩어져 대처로 떠났는데, 지동양반만큼은 뼈를 묻을 고향을 버릴 수 없다하여 그 자리에 눌러앉고 말았다.

그리고는 재산을 주섬주섬 모아 길섶에 가게 하나를 차려 한동안은 재미가 쏠쏠하여 반분이 풀리는가도 싶었다. 그러자 이번에는 국도를 확장한다고 그 집마저 내놓으라고 하니 어찌 내 몸에 이런 일이 두 번씩이나 있을까 싶어 속이 뒤집힐 지경이었다.

일찌감치 고향을 등진 사람들은 호시절을 만나 희희낙락한다는 풍문이 멀리에서 잘도 들려왔다. 세 끼 밥이 궁하여 바가지를 끼고 이집 저집 보리쌀을 얻던 얼금댁은 서울 변두리에 가발공장을 차렸다가 땅값이 수십 배나 뛰어올라 억억하는 아파트에 산다고 했다. 천직이 농군인지라 부천인가 부평인가 경기도로 이사를 가서 밭농사를 짓던 수복양반은 논 팔아 밭 팔아 졸지에 대형마트 사장이 되어 때깔이 반지르르하다고 했다. 근엄하기 짝이 없던 종가어른마저 잽싸게 모텔을 사서 낮밤으로 떼돈을 번다 하니 지동양반은 하릴없이 입맛을 쩝쩝 다시는 버릇이 생겼다. 그저 무던히 고향을 지킨 보람이 이것이더란 말인가.

북풍한설이 문풍지를 흔드는 동지섣달이 돌아오면서 지

동양반은 더더욱 답답증이 재발하고, 신트림이 나는 것이 영 입맛이 사라졌다. 정초를 당하여 객지에 나간 일가들이 조상묘를 찾는답시고 앞앞이 자손을 세우고 이 산 저 산 골짜기마다 두루마기 자락을 휘날릴 때는 그 꼬락서니에 슬그머니 울화가 치밀어 도무지 평탄한 마음을 가질 수가 없었다.

 더구나 아직까지는 약간의 전답이 있다고 위로를 삼아왔건만 도시에 사는 자식 놈이 쿵쿵 코기침을 해대며 '그까짓 것 다 합쳐봐야 열 평짜리 아파트도 안 된다.'는 소리에 집구석이 망조가 났다고 여겨 정초 내내 골치가 지끈지끈 아파오는 것이다.

 그럴 때마다 '이참에 그만, 나도 떠 버려?' 하고 질러오는 술렁거림이 없지야 않지만 또 주저앉고 마는 것은 거 뭔가, 대대로 내려오는 그 우직스러움 같은 것이 어깨를 자꾸 주저앉히기 때문이다.

칼의 몰락

　어린 시절, 전쟁놀이에 빠져 날이 저물도록 골목을 누비던 때가 있었다. 고만고만한 또래들이 우르르 몰려다니는 것이 고작이었지만, 사내아이들에게는 꽤나 진지했던 놀이로 기억된다. 두 무리로 나뉘어져 쫓고 쫓기며 소란을 떨어도 최후의 승패는 대장들에 의해 좌우되곤 했는데 그 승부를 가르는 모습이 제법 흥미로웠다.
　넓은 공터에서 두 진영이 마주 서고 대장이 한 발 앞서면 일순간 긴장감이 돌았다. 비록 싸리나무 가지를 다듬어 만든 칼이었지만 대장들은 손에 침을 묻혀가며 나름대로 결전의 자세를 취하였던 바, 당시에 중국의 무림영화가 흥행을 끌었던 시절이라 '돌아온 외팔이'라든가 '단장의 검'에서 주연을 맡은 배우들의 폼이 단연 인기였다.

어쨌든 "얏얏!" 하는 단발음과 함께 비스듬히 비켜 찌른 칼끝이 상대의 옆구리에 닿거나 허벅다리를 슬쩍 베고 지나가면 그것으로 승부는 끝이 났다.

승패에 따라 두 무리들의 처지는 뚜렷하게 구별되었다. 패한 쪽은 무릎을 꿇고 비굴하기 그지없는 낙심의 표정을 지어야 했으며, 이긴 쪽은 기고만장하여 칼을 흔들며 거드름을 피웠다. 어린 나는 그때 승리한 칼만이 가지는 힘을 보았고, 한편으로는 그 힘에 외경심마저 들었다.

그리고 오랜 세월이 지나서 우연히 그 칼을 다시 만나게 되었다. 어느 변두리 시장의 식육점에서였는데, 아마 그 날이 개업일인 모양이었다. 오색풍선이 바람에 흔들리고 이벤트 회사의 여직원이 뽕짝거리는 노래에 맞춰 온몸을 흔들어대고 있었다.

가게는 아낙네들로 가득 찼고, 나는 어깨 너머로 가게 안을 기웃거렸다. 그때 번질거리는 땀을 훔치며 신명나게 칼을 휘두르는 주인 사내의 손에 눈이 멈췄다.

두툼한 어깨에 검붉은 낯빛의 사내에게서 나는 문득 말을 몰아 천하 대륙을 주름잡았던 옛 몽고족을 떠올렸다. 그러면서 그의 손에 들린 시퍼런 칼의 내력이 궁금해지기 시작했다.

멀게는 대륙의 전쟁에서 힘센 장수의 오른팔 들려 산을 가르고 강을 막아 역사를 재단했을 위용의 칼이, 가깝게는 내 유년시절에 그토록 두려움마저 들게 했던 외경의 칼이 무슨 사연으로 이 궁벽한 변두리까지 밀려나게 되었는지 궁금한 것이었다.
 더구나 아낙네들의 시답잖은 농지거리에도 종일 끄덕끄덕 절이나 해댈 뿐 허옇게 죽어 자빠진 돼지 뱃살이나 가르고 있는 저 칼의 몰락이 처연해서 견딜 수가 없는 것이었다.

통영統營

지난 주말, 통영에 다녀왔다. 남망산 언덕에서 바라본 남해는 봄이 한창 출렁이고 있었다. 통영은 한반도에서 봄소식이 가장 먼저 이르는 곳이다. 비단 봄소식뿐만이 아니라 멀리 바다 건너에서 우리나라에 들어오는 새로운 것들은 모두 이곳부터 먼저 들리곤 했었다.

그런 까닭에 문단의 태두들인 청마 유치환, 대여 김춘수, 토지의 박경리, 초정 김상옥의 고향이 통영이요, 작곡가 윤이상의 고향이 통영이라는 것은 우연일 수가 없다.

통영은 봄이 좋다. 여름보다 가을, 겨울보다 봄이 좋다. 이문당 서점 뒤를 돌아 중앙동 우체국 앞에 서면 청마와 시인 이영도의 봄날 같은 사랑 이야기가 피어오른다. 빨간 우체

통을 지나 세병관에 이르는 청마거리를 걷노라면 그동안 까마득히 잊었던 사람에게도 안부를 묻고 싶어진다.

사실, 무르익은 봄날에 내가 통영을 찾게 된 것도 어느 시인의 사랑 이야기 때문이다. 시인 백석은 평안도 정주 사람으로 북조선 시인이다. 그런 그가 해방 전 멀고먼 이곳 통영에 세 번이나 내려온 까닭이 무엇이었을까. 사람을 찾아서였다. 사랑을 찾아서였다.

백석이 통영 여인 박경련을 처음 만난 것은 친구 허준의 결혼 축하 모임에서였다. 친구 허준이 통영의 여자와 결혼을 했기에 하객으로 참석한 박경련과 첫 만남이 이루어졌던 것이다. 스물네 살의 백석이 박경련을 얼마나 간절히 사모했는지는 그가 남긴 여러 편의 통영 시를 통해 알 수 있다.

옛날에 통제사가 있었다는 낡은 항구의 처녀들에겐
아직 옛날이 가지 않은 천희라는 이름이 많다
미역오리 같이 말라서 굴껍질처럼 말없이 사랑하다 죽는다는
이 천희의 하나를 나는 어느 오랜 객주집의
생선가시가 있는 마루방에서 만났다
저문 유월의 바닷가에선 조개도 울을 저녁
소라방등이 불그레한 마당에 김냄새 나는 비가 나렸다

그러나 백석의 사랑은 이루어지지 못했다. 박경련이 백석의 친구와 결혼해 버렸기 때문이다.

애틋한 사랑의 이야기가 전설처럼 묻어 있는 통영, 통영은 사랑하는 사람들이 찾는 곳이다. 사랑을 그리워하는 사람들이 찾는 곳이다. 봄날이 저물기 전에.

아루스 사랑

프롤로그

또 한 해가 저무는 것이 두려워서일까? 젊은 날로 되돌아가면 뭐든 더 잘할 수 있을 텐데 하는 아쉬움 때문에 자꾸만 옛 생각에 젖는다.

에피소드

아주 오래 전, 까까머리 고등학교 시절, 하늘이 낮게 내려와 금방이라도 함박눈이 쏟아질 것 같은 겨울이었다. 이제 곧 겨울방학이 다가오고 성탄절도 가까워진다. 날이 추워서일까, 마음이 텅 비어서일까. 동산병원 너머 S여고 합창반과의 성탄절 합동공연만큼 마음을 들뜨게 하는 일은 없었다.

대망의 공연 전야, 마지막 리허설에 열을 올리던 무대의 한 쪽 구석에서 갑자기 비명이 일어났다.

"아이고, 정말 와 이캐예?"

"아이고, 정말 실숩니다. 사랑하는 맘으로 너그럽게 용서해 주이소."

"뭐라꼬예! 사랑이 뭐 어쨌다고예?"

공연 연습보다 여학생에게 관심이 더 많던 S가 드디어 작전을 개시한 것이다. 합동연습 시작 날부터 눈에 쏙 들어와 박힌 그 삼삼한 여학생 때문에 며칠 간 밤잠을 설치고, 기말시험까지 망쳐버린 S가 뒷줄에 서 있다가 성탄 촛불로 앞 여학생의 뒷머리카락을 그을어 버린 것이다. 즉 적벽대전에서 제갈공명의 화공전법이 동원된 것이다.

"한번만 봐 주이소. 그 머리는 책임지겠심더."

"뭐를 우째 책임져예? 머리카락을 재생시켜 줄끼라예?"

"아입니더, 그기 아이고예. 그 머리 새로 자랄 때까지 매일매일 제가 뭐라도 대접하겠심더. 그래라도 안하만 나는 마 죽을끼라예."

"아이고 참, 머리 타고, 사람 죽인 죄까지 디집어 쓰겠네요."

두 사람이 티격태격 하는 사이 창밖에는 어느새 뭉터기 눈이 펑펑 쏟아지고 있었다. 결국 그 공연이 끝난 이후 두 사람은 중앙통의 아루스 제과점에서 매일 사죄와 용서를 거듭하며 긴긴 겨울방학을 보냈다.

에필로그
"그래 끝이 우예 됐노?"
"아루스에서 만난 사랑치고 안 깨진 거 봤나?"

실에 대하여

길을 가다가 실꾸리 하나를 주웠다. 살다 보면 이런저런 걸 줍기도 하고 또 잃어버리기도 하지만 실을 줍는다는 것은 그리 흔한 경험이 아니다. 가정의 반짇고리에서 나온 것 같지는 않은, 인근 직물공장에서 떨어뜨렸을 이 커다란 실꾸리를 주워 들고 나는 잠시 어떻게 할까 처분을 망설였다. 버리기에는 아깝고, 그렇다고 가지기에도 찜찜한 이 습득물을 결국 차 트렁크에 싣고 여러 달이 지나버렸다. 눈에 띌 때마다 걸리적거리면서도 쉽게 처리하지 못한 까닭은 그것이 실이었기 때문일 것이다.

자동차를 처음 구입했을 때 한동안 운전대 밑에 실타래를 묶어 둔 적이 있었다. 눈을 부릅뜬 명태 몸뚱이에 실을 칭칭

감아 매어 준 것은 나의 안녕을 비는 아내의 마음씨였다.

　실의 의미를 사람의 목숨에 견주는 것은 흔히 있어온 일이다. 어린 생명이 태어나자마자 삼신상을 차려 실타래를 올린다거나, 첫돌을 맞은 아기의 목에 실을 걸어주던 조상들의 행위는 실을 통해 장수를 기원하던 믿음의 표현이었다. 팽팽하던 연줄이 끊어져 산너머로 가뭇없이 사라질 때 우리는 절명을 연상하게 되고, 인공호흡기에 목숨을 부지하면서 끊어질 듯 숨을 헐떡이는 사람을 가리켜 '실낱 같은 목숨'이라고 이르는 걸 보면 분명 실은 목숨줄을 상징하는 것임에 틀림이 없겠다.

　어릴 적 어머니와 마주 앉아 실을 감던 정경도 실이 불러 일으키는 아련한 추억이다. 두 손을 가슴까지 높이고 이쪽 저쪽 번갈아 일렁거리면 어느새 내 손의 실타래는 어머니의 실꾸리로 옮겨지고, 손을 바꾸어 내가 실을 감으면 어머니의 실타래는 내 마음속으로 감기어 오곤 하였다. 이렇듯 모자간의 사랑은 실을 타고 넘나들었으니 실은 사람과 사람의 마음을 잇는 전령사이기도 하였다. 실을 이어주는 인연은 어찌 부모 자식간에만 한정되었겠는가.

　고려 시대에 널리 불리어진 '정석가'에도 실에 관련된 구절이 있다. 한 여인이 사랑하는 임을 앞에 두고 바삭바삭한 모래벌에 구운 밤 닷 되를 심어 그 밤에 움이 돋아 싹이

나야만 임과 이별하겠다고 했다. 무쇠로 만든 소를 무쇠로 만든 산에 놓아 무쇠로 만든 풀을 먹어야 임과 이별하겠다고 했다.

구슬이 바위에 떨어져 깨어진다 해도 구슬을 꿰고 있는 인연의 실끈은 영원히 끊어질 리가 없다는 믿음 때문이 아니었을까. 약간의 힘만 주어도 툭 끊어지고 말 것 같은 한 가닥의 실에 남녀간의 사랑이 이렇게도 간절히 이어져 있으니, 인연의 실끈이야말로 삼으로 엮은 밧줄보다 더 질긴 모양이다.

햇살 고운 창가에 앉아 아름다운 색실로 수를 놓는 여인의 모습은 생각할수록 아름다운 그림이다. 한 땀 한 땀 실을 이어가는 여인의 손길은 너무도 부드럽다. 다시 오지 못할 사람을 기다리며 실 한 자락에 긴 밤을 의지하는 여인은 눈물이 흐르도록 아름다운 슬픔이다. 백년가약을 앞둔 색시가 수틀 앞에 앉아 부풀어 오는 가슴을 억누르며 꽃을 놓고, 새를 놓고 집을 지어 올리는 것은 인생을 설계하는 기다림이다.

어느 시인은 마음이 어지러운 날이면 수를 놓는다고 했다. 금실 은실 청홍실을 따라서 가면 가슴속의 아우성도 가라앉고 세상 번뇌와 무궁한 사랑의 슬픔도 참아내고 어언 극락정토도 보인다고 했다. 그러고 보면 절망하여 찢어진 가슴의

상처를 깁는 일도 실이 하는 일이다. 폭풍노도와 같은 분노를 슬그머니 주저앉힐 수 있는 여유도 실로써 이룰 일이다.

　실꾸리 하나를 주워 들고 인간 만사를 이토록 실과 관련지어 예찬하는 것은 어쩌면 나의 지나친 억지일지도 모르겠다. 그러나 나는 실꾸리를 귀한 마음으로 처분했다. 혼기에 찬 직장 동료에게 실꾸리를 내밀었더니 뜻밖에도 기쁘게 받았다.

　나는 그 젊은 동료가 실을 가져다가 어디에 쓸 것인지 짐작하지 못한다. 평소에 그녀가 실에 대해 무슨 생각이 있는지도 모른다. 다만 어떠한 곳에, 어떻게 쓰이든 아픈 마음을 깁거나 아름다운 인연을 이어주는데 소용될 것이라고 믿고 싶다.

　한 올 한 올의 실이 날줄 씨줄로 겹쳐 고운 비단을 이루듯 실꾸러미에 담긴 이야기처럼 아름다운 인연을 만나 행복한 인생을 꾸려가길 비는 마음을 담아 실꾸리를 건넸을 뿐이다.

물신

얼마 전, 시골집을 허물고 새 집을 지었다. 낡은 집에 사시는 노부모님께서 무척 불편해 하시는 것 같아 처음에는 수리를 하려다가 말이 나온 김에 형제가 모여 새 집을 짓기로 뜻을 모았다.

박봉의 월급쟁이인 나는 일이 커지면서 자꾸만 조막손이 되어 가는데 마침 형편이 괜찮은 동생이 큰 돈을 내놓아 일은 일사천리로 진행되었고, 번듯하게 입택식까지 마칠 수 있었다.

하지만 맏이로서 이웃들의 인사를 한 몸에 받게 되자 머쓱한 내심을 떨쳐버릴 수가 없었다. 형제끼리 의를 나누며 집 안일을 하는 데도 돈의 힘이 이러하거늘 칼날 같은 세상에서 돈의 위력이야 어찌 말로 다 이르랴.

생뚱맞은 일이기는 하나 갓 스무 살이 된 학생들에게 몇 년 동안 이런 설문을 해 본 적이 있다. 사랑하지만 찢어지게 가난한 젊은이와 돈을 한 십억쯤 가진 마흔 근처 중년 가운데 어느 쪽을 택할 것인가 하고 물었더니 결과가 놀라웠다.

몇 년 전까지만 해도 열에 팔구 할이 전자를 택하고, 나머지는 눈치를 보면서 겸연쩍게 후자를 택하였는데 해가 갈수록 비율이 바뀌어 올해는 아예 역전이 된 것이다. 아니 역전이 문제가 아니라 대다수가 후자 쪽에 손을 들었다.

설문의 신뢰성을 감안한다 해도 우리시대의 가치관이 어디로 얼마만큼 기울어져 있는지 짐작케 하는 결과였다.

하기야, 세상에서 돈을 싫어하는 사람이 어디 있을까. 잘 먹고, 잘 입고, 잘 살게 하는 것이 다 돈에서 나오는 법인데 그걸 마다할 사람이 누가 있겠는가. 그래서 너나없이 돈, 돈 하며 물신을 불러들이고자 밤낮이 없는 것이다.

그러나 물신이라는 것이 탐한다고 모두에게 가까이 붙는 것이 아니기에 없는 자의 구차함은 더더욱 말로 할 수 없다. 하다못해 단돈 100원을 적게 쥐고 버스를 타자 하면 그 수십 배의 누추함으로 굽신거려야 하니 이 역시 물신이 사람의 높낮이를 재고, 목줄을 틀어쥐는 일이 아니겠는가.

그래서 누대로 물신의 힘을 지그시 눌러주는 또 다른 힘이 있어 왔던 바 전지전능한 믿음이, 때로는 나라의 권력이, 때로는 사회적 윤리가 그것이었으나 오히려 그들이 물신 아래 빌붙는 꼴이 되면서 요즘을 가리켜 통째 물신의 시대라 부르는 것이다.

  그러니 돈을 좇아가는 학생들을 탓할 수도 없는 노릇이요, 나 역시 자식놈에게 성심을 다해 돈이나 벌라고 권해야 할 판이다. 그 까닭은 돈이 세상의 전부가 아니라고 아무리 설파한들 그것을 곧이들을 사람이 별로 없기 때문이다.

제4부
다시 임하 생각

백산 선생
어느 수필가와의 이별
부부
다시 임하 생각
희생화
2인 운동회 · 1
2인 운동회 · 2
중심이 그립다
곧은 정신과 열정 그리고 겸손
수필발전소를 꿈꾸며

　『수필세계』의 이러한 소망들을 궁벽한 지역의 와실蝸室에서 꿈꾼다고 스스로 위축되지 않을 것이다. 수필에 살고 수필에 죽는 수생수사隨生隨死의 열정과 문학정신이 험준고령險峻高嶺을 넘게 할 것이다. 더구나 책을 만드는 사람보다 글을 쓰는 사람이 더없이 존귀하다는, 한없이 겸손한 마음을 잊지 않는 한 따사로운 손길들이 등을 어루만져 주리라 믿는다.

백산白山 선생

　신천변에 벚꽃이 만개하였다. 팝콘처럼 부풀어오른 저 꽃들의 춘정을 지켜보면서 못내 봄밤을 뒤척이게 되는 것은 지나간 한때의 아득한 그리움 때문이다.
　이십여 년 전, 대구에는 '백산과 그 일당들'이라는 노래 모임이 있었다. 그야말로 아마추어 동호인들이 하루 일과를 마치고 생맥주 한 잔으로 목을 축이고는 기타 반주에 맞춰 노래를 즐기던 모임이었다. 시내 레스토랑을 이곳저곳 전전하였던 것으로 보아 그때는 가요방이 없었던 것 같다.
　그 모임의 리더가 백산 선생이었다. 별호別號를 백산白山으로 불렀던 까닭은 일당들의 나이가 비슷한데도 불구하고 유독 그의 머리에 백설이 분분했기 때문이었다. 아니, 평소에 지은 죄가 많아 아내만 보면 혼비백산 놀란다고 그 끝자를 따와서 '백산' 이라 지었다는 것이 정설이다. 내가 보기에도 그는 아내를 너무너무 두려워했다. 중간 중간 전화를 받거나 모임이 파하고 집에 들어갈 때쯤이면 그는 늘 미적거리며 표정이 어두워지곤 했다.

그 외의 멤버들도 호를 하나씩 가졌었다. 이름만 대면 알 만한 명판 출신의 S변호사는 법조인답게 '가할 可 자'에 '바를 正 자'를 더하여 '가정可正'이라고 썼다. 물론 그의 호도 주변에서 인정하는 너무나 가정적인 사람이라는 데서 따왔다는 설이 설득력이 있었다. 또 다른 멤버인 L교장은 친구들이 함께 목욕탕에 가서는 무엇인가를 보고나서 경탄을 금치 못하고 버섯 茸 자, 솔 松 자를 합하여 '이송茸松' 선생이라고 지었다 한다. 이송을 거꾸로 하면 송이버섯이 된다. 달성공원 앞에 사는 임 씨 성을 가진 분은 배포가 커서 '임포林抱'라는 호를 가졌지만 그 어원은 영어에서 따왔는데 개인 프라이버시상 밝힐 수 없겠다.

리더인 백산 선생은 통기타의 달인이었다. 본인의 입으로는 그런 말을 한 적이 없었지만 모두들 가수 송창식이에게 기타를 가르친 분으로 알았다. 그는 정말 신의 손을 가졌다. 기타 하나로 오만 가지 악기들의 합주소리까지 가능했다.

한번은 내가 근무하는 학교에 그를 초빙해서 연주회를 열었다. 그 뒤에 곧바로 기타 동아리가 결성되었으니 그의 음률이 얼마나 환상적이었던가를 짐작할 것이다.

백산 선생은 수성구의 어느 농협 지점장으로 근무했다. 그의 꿈은 기타 하나 둘러메고 브라질의 리오축제에 다녀오는 것이었다. 결국 그는 명예퇴직을 하고 퇴직금으로 한 달간 브라질을 다녀오면서 소원을 성취하였다. 그의 부인은 불같이 화를 냈고, 그는 혼비백산하여 한동안 꼼짝없이 자택에 감금되어 지냈다.

어느 해 봄이었다. 마침 가수 정태춘, 박은옥 부부가 공연을 왔다. 인연이 있으려고 그랬는지 공연을 마친 두 사람을 모시고 법원 앞 식당에서 늦은 저녁을 먹게 되었다.

술이 한 순배 돌아가자 슬슬 흥이 일었다. 백산 선생의 귀신같은 기타 선율에 두 분 가수의 라이브가 시작되었다. "그대 고운 목소리에 내 마음 흔들리고, 나도 모르게 어느새 사랑하게 되었네" 주옥같은 노랫말은 일행 모두의 합창이 되었다. 이어서 손에 손에 꽃물을 들이는 '봉숭아'와 짙은 안개 속으로 새벽 강이 흐른다는 대표작 '북한강'에도 다녀왔다. 그날 밤 어깨동무를 하며 출렁거리던 봄밤의 향연을 이만큼의 세월이 흘렀는데도 잊을 수가 없다. 아마 백산 선생도 그랬던 같다.

그날 유독 취한 백산 선생을 댁까지 모셔드렸다. 그의 집으로 가는 신천변은 만개한 벚꽃들이 꽃등을 켜고 있었다. 그는 굽은 등에 기타를 가로질러 메고는 느린 걸음에 맞추어 흥얼거렸다.

"우리는 빛이 없는 어둠 속에서도 찾을 수 있는, 우리는 아주 작은 몸짓 하나라도 느낄 수 있는, 우리는……."

나는 그의 반복되는 흥얼거림에 그가 틀림없이 송창식에게 기타를 가르쳐 주었다는 말을 믿기로 했다.

노래 모임이 계속되지 못한 것은 백산 선생의 죽음 때문이었다. 안타깝게도 그는 리오축제를 다녀온 뒤에 간경화인지 간암으로인지 슬금슬금 앓기 시작했다.

한동안 모임이 없어서 궁금증이 더해갈 무렵 그가 아주 먼 곳으로 영원히 연주여행을 떠났다는 연락을 받았다. 그리고는 여태 컴백했다는 소식을 듣지 못했다. 매년 봄이 오고, 벚꽃은 저렇게 아득하게 흩날리는데.

어느 수필가와의 이별

　며칠 전, 가까이 지내온 수필가 한 분이 세상을 떠났다. 백세 시대라는 노래가 가는 곳마다 요란하건만 이제 예순의 후반의 든 그가 서둘러 비우고 간 자리에는 처연함만이 남았다. 문단에서의 연치는 그리 오래 되지 않아도 지금 한창 주목 받고 있는 수필가이기에 그를 보내는 안타까움을 누를 길이 없었다.
　사실 그는 수필가 이전에 의사였다. 지역의 한 의과대학의 학장을 지냈고, 신경외과 의사로서 뇌혈관질환에서는 우리나라 최고의 전문의였다. 더욱이 의사들이 자기 가족을 마음 놓고 맡길 수 있는 있는 명의에 선정되기도 했으니 그의 명성은 일찍이 높았다.

그런 그가 십여 년 전 문학공부를 하고 싶다고 찾아왔다. 연중 낮밤 없이 바쁠 대학병원의 의사가 어쩌면 여기餘技와도 같은 글쓰기에 관심을 두는지 처음에는 생뚱맞다는 생각이 들었다. 하지만 그는 사연이 있었다. 의사인데 아프다고 했다. 아파서 수술을 받았다고 했다. 암으로 아파서 절망스러웠고, 수술을 받고 부끄러웠다고 했다. 그러면서 내민 것이 '의사도 아프다'는 글이었다. 그것으로 그가 천부적인 글쟁이임을 알았고, 먼저 의사가 되어 바빴을 뿐, 글을 써야 할 사람임을 알았다.

그는 십 년 동안 정말 열심히 글을 썼다. 전국의 수필문예지, 의학지에 그의 글이 실리지 않은 달이 없었고, 보이지 않는 계절이 없었다. 일간지 신문에도 의창醫窓이라는 타이틀로 그의 글이 오랫동안 실렸다. 물론 글들은 '병실꽃밭'과 '선생님, 안 나아서 미안해요'와 같이 병상 위의 감동 에피소드가 주류를 이루었다.

글을 쓰면서 그는 건강했다. 늘 입가에 미소를 달고 다녔다. 함께 강원도로 전라도로 먼 길의 문학기행을 다니면서 차 안에서 쉬지 않고 뇌구조와 혈관에 대해 설명했다. 가끔은 대학병원 뒷골목 청요릿집에 몇몇을 불러놓고 슬그머니 품안에서 양주병을 꺼내기도 했다.

그 사이에 나는 편찮은 우리 부모를 그의 진료실에 맡겨

민폐를 끼친 일이 있었다. 까닭 없이 고열로 두통을 호소하는 어머니를 보냈을 때 그는 진료실 문을 한나절이나 닫았다. 머리에서 발밑까지 스캔을 거듭하고 이웃 진료실에 의뢰해서 결국 간에 박힌 돌을 찾아내었다. 아마 그날이 모자랐으면 다음날에도 애를 써서 찾아냈을 그였다. 또한 어머니의 보호자로 따라간 아버지가 계란만한 혹을 뒷머리에 달고 다니는 것을 보고나서 후딱 잘라내어 평생의 원을 풀어준 이도 그였다.

의사는 신뢰를 베푸는 사람이다. 수필이라는 글쓰기도 진실성으로써 신뢰를 얻는 작업이다. 그는 아픈 사람을 치료하는 의사이기도 했고, 아파서 치료를 받는 환자이기도 했다. 병이 재발하여 두 번 세 번 수술하고 그 극심한 고통을 극복한 사람이기도 했다. "아파 봐야 아픈 사람의 아픔을 알 수가 있다"고 한 그였다.

그는 투병하는 동안 그리고 글을 쓰는 동안 의사가 아닌 환자로서 겪었던 아픔의 경험을 고스란히 환자들에게 베풀었고, 그의 글을 읽는 독자들에게 삶에 대한 희망과 신뢰의 메시지를 전했다. 그 신뢰가 더욱 명의가 되게 하였고, 명수필가가 되게 하였다.

그런 그와 지난해 말부터 교류가 뜸하였다. 한번은 연락이 와서 꼭 밥 한 번 먹자고 하였다. 그때는 '꼭 밥 한 번'의 뜻을 몰랐다. 그냥 나도 바쁘고 그도 바쁘다고 넘겼다. 그리고 얼마간이 지나고 연락이 왔다. 내가 관여하는 문예지에 글을 그만 연재하겠다고 했다. 그때도 그러려니 했으니 참으로 무심하였다. 올봄, 그에게서 또다시 연락이 와서 지난 십년의 시절이 너무나 행복했다고 했다. 그제야 나는 가슴이 쿵하고 내려앉았다.

그는 유난히 '자운영을 좋아했다. 그래서 그의 첫 수필집도『자운영, 초록의 빛깔과 향기만 남아』로 정했다. 지금쯤 논에 들에 지천으로 피어나는 자운영 꽃길로 허적허적 걸어가는 그가 보인다. 이제 냉철한 이성의 손길로 아픈 이의 몸을 어루만지던 그의 인술을 더는 느낄 수 없기에 남아 있는 우리들은 애통하고 원통하다. 하지만 그의 섬세한 수필가로서의 서정은 글로 책으로 남아 오랫동안 우리들의 아픈 마음을 어루만져 줄 것으로 믿는다.

부부

나는 6남매의 맏이고, 아내는 8남매의 막내다. 이 평범하지 않은 결합이 원인이 되었는지 모르겠지만 30년 전에 처음 만난 우리는 많은 것이 맞지 않았다.

일단 나는 밖으로 퍼내는 형인데, 아내는 뭐든지 움켜잡는 형이다. 아마도 여러 동생을 둔 나로서는 아래로 흘려보내야 된다는 생각이 컸던 것 같고, 아내는 내려오는 대로 받았을 뿐 누구에게 무엇을 준다는 개념엔 익숙하지 않았던 것 같다. 아내는 쥐뿔도 없이 속을 탈탈 털어내는 내가 헤프다고 불만이었고, 나는 썩어 문드러질 때까지 뭐든 창고 속에 처박아두는 아내를 이해하지 못했다.

물론 성격의 차이도 있었다. 내가 파르르 끓는 냄비라면 아내는 좀처럼 변하지 않는 뚝배기였다. 내가 틈만 나면 밖으로 돌아다니는 체질이라면 아내는 한 자리를 굳건히 지키면서 드라마와 수면을 번갈아가며 즐기는 여유만만 형이었다. 비유하건대 내가 파닥거리는 닭이라면, 아내는 슬금슬금 어느새 나무꼭대기까지 가는 늘보곰이었다.

생각해보면 우리가 이런 차이를 가진 데는 자라온 집안의 영향이 컸던 것 같다. 내가 어렸을 때, 우리 집은 조부모님을 모시고 삼대가 살았다. 할아버지는 동이 트기 전, 아직 밖이 어둑한데도 일어나서 말간 마당을 쓸면서 컹컹 기침을 하셨다. 그러면 아버지도 허둥지둥 밖으로 나가 하릴없이 닭장을 기웃거리거나 마구간을 둘러보셨다. 우리도 덩달아 일어나 그 추운 아침에 방안을 서성였다 우리 집에서 빈둥빈둥 이불을 덮고 누워 있다는 것은 거의 죄악에 가까웠다.

그런데 결혼하고 처가에 첫걸음을 했을 때였다. 하룻밤을 묵고 아침이 됐는데도 사람들이 일어나지 않았다. 동창이 밝았고 노고지리가 요란스럽게 지저귀는데도 미동조차 없었다. 내 기준으로 거의 대낮이 되었을 즈음, 그러니까 초등학교 교사인 장인께서 출근 준비를 할 때가 되자 하나둘 부스럭대며 눈을 뜨는 눈치였다. 그것도 한 번에 몸을 일으키는 것이 아니었다. 일단 이불 속에서 나와 앉는 데까지 한 십 분은 걸리는 것 같았다. 앉아서 하품을 한 열 번쯤 하고,

손으로 얼굴을 또 열 번쯤 부비고 나서 그제야 죽기 살기로 일어났다. 그야말로 두 집안의 아침이 한 쪽은 허례허식의 극치요, 한 쪽은 실리추구의 극치였다.

  무엇보다도 결혼하고 살면서 서로 적응하기 힘든 것은 쪼잔하게도 밥 먹을 때 마시는 물 문제였다. 우리 집에서는 늘 식사 중간에 숭늉이 들어왔다. 사랑방에서 조손이 겸상을 하고 앉았으면 어머니나 고모가 살짝 열어놓은 문틈으로 식사과정을 살폈다. 그러다가 중반을 넘어갈 듯하면 따뜻한 숭늉을 소반에 담아왔다. 할아버지께서 한 모금 마시고 그 뒤에 내가 받아 마셨다.

  결혼하고 처음으로 아내와 밥상을 마주했다. 밥상 양쪽에는 밥그릇과 나란히 맥주 컵에 냉수가 찰랑찰랑 넘칠 듯이 놓여 있었다. 숨이 딱 막히고 저 물에 내가 빠져 죽을 것 같았다. 먹는 물은 넘치게 담는 것이 아니라고, 모자라면 더 가져다 먹는 거라고 길들여졌는데 그 물을 보니 공수병에 걸린 것처럼 숨이 가빠왔다. 제발 물 좀 가득 담아오지 말라고 애원하는데도 아내는 먹고 남기면 될 것을 별스럽게 야단 떤다고 타박이었다. 지금 이날까지 부탁을 거듭해도 그 청을 아내가 안 들어주는 것이 아니라 못 들어주고 있다. 나 역시 살아가는 방편으로 찰랑거리는 물컵을 밥상 밑으로 내리는 버릇을 고치지 못하고 있다.

이렇게 너무나 다른 두 사람이 30년을 넘게 살았으니 어찌 무사태평한 날만의 연속일까. 수없이 톡탁거리고 와장창한 날도 있었다. 그러나 힘을 모아 자식을 낳고 보금자리를 만들고 집안을 둘러보면서 웃는 날이 훨씬 많았다. "저놈의 파닥거리는 성질" "저놈의 미련 곰탱이 성질" 하면서 서로 얼굴을 붉히는 날에도 돌아서면 금방 미안해서 민망해서 처연해서 또 고마워서 살아가는 것이 부부라는 이름이다.

한번은 "우리, 한날한시에 저세상으로 가는 것이 어떠냐?"고 은근슬쩍 눈치를 떠보니 돌아온 답이 명쾌했다.

"꿈도 야무지다. 당신 죽고 나서 아이들과 우째 살까, 그기 최대의 고민이다"

부부로 살면서도 혹시나 상대편의 성격이 바뀌지 않을까 기대하는 것은 엄청나게 미련스러운 일이다.

다시 임하臨河 생각

  그해 임하는 겨울바람에 펄럭거리고 있었다. 우리는 마을 어귀 주유소 터에 앉아 캔커피를 마시며 마을 쪽을 바라보았다.
  사람들이 살다가 떠난 곳은 늘 그렇듯이 속살을 부끄럽게 드러내고 있었다. 어느 서부 영화에서나 나옴직한 간판마저 날아간 텅 빈 가게들, 삐걱거리는 플라스틱 처마, 댕그라니 목이 부러진 채 뒹구는 경운기, 담벼락에 갈겨 써 놓은 '잘 이써라 임하야', 이 어수선한 풍경들이 곧 수몰되고 말 임하의 내력을 낯선 방문객에게 하소연이라도 하듯이 널려 있었다.
  덩달아 바람은 자꾸만 마음을 휘감아 돌면서 사람들이 떠난 새길로 먼지를 몰아갔다. 마을로 걸음을 옮기던 나는 별 신기한 것도 없는 이곳 풍경이 문득 낯설지가 않다는 생각이 들었다.

    열세 살까지만 해도 내 고향은 소백산 자락의 어느 외진 마을이었다. 평생 백리 길 밖으로 나가 본 적이 없는 사람들끼리 수백 년 동안 대를 물리며 그저 그렇게 사는 마을이었다.
    어느 날 갑자기 공군 비행장이 생긴다는 소문이 들리더니 포클레인이 오고 불도저가 와 산을 까뒤집기 시작했다. 생전 처음 보는 구경거리에 아이들은 종일 신이 났고, 어른들도 "그놈 참 힘 좋다."고 감탄들을 했다. 그러나 담벼락이 무너지고 조상 무덤까지 파헤쳐 질 때 '아차, 이것이 아니구나.' 했지만 이미 때는 늦었다.
    무서운 세상 때라 반값도 안 되는 땅값을 받아 쥐고서도 말 한 마디 못하고 떠나야 했던 사람들, 한 발짝만 문밖을 나서도 죽는 줄만 알았던 숙맥같은 사람들은 타지로, 먼 도시로 뿔뿔이 흩어져 갔다. 서울에 간 이웃은 가구공장, 가방공장에 취직도 하고, 더러는 도시 근교에 농토를 장만해서 살 길을 찾았다.
    다행히 떠난 사람들은 모두 잘 산다고 했다. 흩어지고 나서 처음 몇 해 동안은 간간히 대소사의 소식도 들려오고 안

부도 닿곤 했는데, 연세 많으신 노인네들이 하나 둘 돌아가시고는 그것도 끝이 나고 말았다.

　우리 집은 죽어도 못 떠난다는 할아버지 때문에 끝까지 남았었다. 어찌 집만 아까웠으랴만 동란 때 포탄을 피해가며 내 손으로 지은 집을 버릴 수가 없다는 것이 할아버지의 고집이셨다. 그러나 불도저가 집을 향해 산더미 같은 황토 흙을 밀어붙이고 바깥 출입을 할라치면 하늘을 보고 등산을 하듯이 오르내릴 지경이 되자, 그 고집도 거둘 수밖에 없었다.

　결국 집을 뜯어서 비행장이 보이는 철조망 옆에 새로 집을 짓고는 몇 해 더 사시다가 돌아가셨다. 지금도 고향 생각만 하면, 양지쪽에 쭈그리고 앉아 철조망 너머 옛집을 보시던 할아버지의 아득한 눈이 먼저 떠 오른다.

　눈만 감으면 금세 다가와 잡힐 듯이 그려지는 고향, 비록 집도 터도 찾을 길 없고, 다시 만날 날도 어려워진 고향 사람들이지만 내가 간절히 그려보고 싶은 마음은 가끔씩 힘든 일손을 멈추고 마음으로나마 옛마을을 향해 달려가고 있는 고향 사람들의 모습이다.

　잠시 옛 생각에 잠겨 있다가 사진관이었던 자리에 들어선 순간 우리들은 눈과 입이 커졌다. 흔적조차 없던 사람들의 모습이 온통 벽에 걸려 있는 것이 아닌가. 벽에 붙은 돌배기의 헤벌어진 웃음, 변치 말자 우정을 나누는 단짝 친구, 갓 쓴 노인네의 근엄한 모습들, 마치 오랜 세월 동안 이 마을을 지키고 살았던 사람들의 마지막 자존심을 지키려는 듯한 벽에 매달려 내려다보고 있었다. 이리저리 바닥에 버려져 있는 얼굴들, 두고 간 책상서랍을 열 때마다 필름에 갇혀 있던 사람들의 모습이 빛을 받아 우르르 살아났다.

'아, 그냥 떠날 수가 없었던 모양이구나!'

조용하던 마을 어디에선가 두런두런 말소리가 새어나오는 것 같았다. 아이 우는 소리며, 경운기 털털거리는 소리, 검버섯 돋은 노인네의 마른 기침소리, 풀렸던 시계태엽이 탱탱하게 감겨 새로 돌아가기 시작하는 것 같았다.

'아, 수몰로써는 결코 잊혀질 수 없는 마을이구나.'

그해 사우회寫友會에서는 '고향을 찾는 사람'이란 주제로 수몰지역 전시회를 가져 큰 호응을 받았다. 낯선 도시의 전시장으로 옮겨진 임하 사람들의 얼굴은 무표정을 넘어 안타까움과 서러움, 그리움으로 가득해 관람객의 눈길을 끌었다.

지금의 임하는 땅마을이 아니다. 보란 듯이 새로 세워진 공룡다리 밑, 물속에 가라앉아 흔적조차 가늠할 길이 없는 물속 마을이다. 간간히 지나가는 나그네들이 차에서 잠시

내려서 여기쯤 저기쯤 손가락질이나 하는 낯선 곳이 되고 말았다.
 그러나 물속 임하는 물길 따라 흩어진 떠난 자들을 향해 지금도 끝없는 향수를 풀어내고 있다. 그에 답하듯 도시의 이 골목 저 골목 양지 바른 쪽에 앉아 있는 실향민은 한없는 그리움으로 연어의 헤엄질을 꿈꾸고 있을 것이다.

희생화 犧牲花

가끔 산책삼아 절을 찾은 일도 있고, 남의 손에 이끌려 교회에 나간 적은 있으나 나에게 무슨 간절한 신앙이 있는 것은 아니다. 하지만 나는 전생을 믿고, 또 죽어서 가는 후생을 믿는다. 그렇지 않고서야 내가 이생에서 누리고 있는 복의 근원을 설명할 길이 없다. 또한 후생이 없다면 과분하게 받은 이생에서의 은혜를 되갚을 길이 없어진다.

나에게는 두 살 위의 누나가 있다. 내 인생에서 평생 품고 살아야 할 은혜를 베풀어준 누나다. 그러니까 내 나이 열세 살, 누나 나이 열다섯에 우리는 시골에서 이곳 대구로 거처를 옮겼다. 나는 공부를 하러 왔고, 누나는 동생의 뒷바라지를 위해 붙들려 왔다. 당시에 중학교에 적을 두고 있던 누나는 아버지의 엄명에 한 마디의 대꾸도 못하고 학업을 접고 차출되어 왔다.

우리는 경북선 간이역에서 이불보따리와 밥그릇, 책가방과 간장통을 이고 지고 기차를 탔다. 그리고 학교 앞 어느 사글세방에 짐을 풀고 유학생활을 시작했다. 누나의 책임은 석유곤로 위에서 냄비밥을 올려놓고, 프라이팬에 감자를 볶아서 나를 굶기지 않는 것이었다. 그리고 아침마다 새옷으로 갈아 입혀 학교에 보내는 일이었다. 누나의 입장에서 보면 참으로 벼락을 맞은 꼴이어서 하루하루가 참담한 일상이 아닐 수 없었다. 또래들이 골목을 휩쓸며 학교로 가는 모습을 멀거니 바라보다가 돌아서는 누나의 모습은 절망 그 자체였다.

어린 동생을 학교에 보내놓고 따분하기 그지없는 하루를 허비하던 누나는 내가 돌아올 때쯤이면 골목 양지쪽에 쪼그리고 앉아 기다리곤 했다. 저 멀리 골목으로 들어서는 나를 보면 "이제 오나?" 하며 희미한 웃음을 띠고 내 등을 두드려 주곤 했다.

되돌아 생각해 보면 그때 누나의 모습은 저 외딴 들판에 핀 민들레처럼 허전했고, 파리한 패랭이꽃처럼 처연했다. 아니 동생 때문에 철저히 자신을 희생당한 슬픈 모습의 희생화였다. 그런 생활은 내가 고등학교 들어가 홀로 지낼 만하고, 그 다음 동생들이 줄이어 옮겨올 때까지 이어졌다.

초등학교 졸업이 학력의 전부였던 누나는 그리 좋은 곳으로 시집을 가지 못했다. 없는 형편에 인정만 가득한 집의 맏며느리가 되었다. 그런 누나의 처지가 늘 나 때문인가 싶어서 나는 그 갚음으로 두 조카의 공부를 내가 맡는다고 장담을 했으나 그저 말뿐이었지 한 번도 도움이 되었다는 소리를 듣지 못하였다.

세월이 유수 같아 내 나이 오십을 넘기고 또 한 번의 위기가 있었다. 무슨 병이 그러한지 자고나도 잠이 오고 또 자고나도 잠이 와서 차를 몰고 오 분 거리도 못갈 지경이었다. 한여름인데도 옷을 겹쳐 입고 오리털파카를 덮어써도 덜덜덜 추위가 몰려 왔다. 예고도 없이 불쑥 찾아온 병으로 내 콩팥은 쪼그라들어 그 기능이 십 프로 남짓 남아 있었다.

온 천지를 싸돌아다니며 몸을 함부로 놀린 탓이기는 했지만 후회하기에는 이미 닥친 일이었다. 마침 교직생활의 꽃이라는 관리자 연수를 앞두고 있던 나로서는 중대 기로에서 앞날이 암담하였다. 가족들이 모여 별 묘수를 내지 못할 때 누나가 불쑥 한 마디를 내뱉었다.

"동생, 검사해 보고 맞으면 내꺼 가져가서 써라."

그리하여 내 몸에는 주먹만 한 누나의 신체가 들어와 내 삶을 지탱해 주고 있다.

한 나무에서 가지를 뻗어 피를 나눈 남매라 해도 이런 희생화는 더는 없을 듯싶다. 아무리 생각해도 전생에 누나가 동생인 나에게 지은 업보가 컸을 것 같다. 그렇지 않다면 후생에 내가 갚아야 할 업보는 태산처럼 높고 크다.

2인 운동회 · 1

점심을 먹고 난 5교시, 더위까지 겹쳐 대부분 비몽사몽 정신이 혼미할 때였다.

"탁 차뿔라."

아이놈들이 얼마나 속을 태워드렸으면 선생님의 입에서 그런 말씀이 나왔을까? 수업시간에 김 군과 오 군이 장난을 치다가 선생님한테 들켰다. 선생님이 못마땅한 눈으로 두 녀석을 쏘아보고 있는데 느닷없이 제3의 사나이 박 군이 개입했다.

"샘예, 그카고 있을 게 아니라 글마들 진짜로 탁 차뿌이소."

그 말에 문제는 엉뚱하게 선생님과 박 군으로 비화되었다.

"오냐, 그래 니 나온나. 차뿌께."

"내 말고요. 자들을 차뿌라 말입니더."

그러다가 끝내는 험악하게 되어 박 군은 뒷문을 열고 도망을 가는 지경이 되었다.

선생님은 박 군을 잡으러 뒤따라 나가고, 졸지에 운동장에서 마라톤이 시작되었다.

"니 서라. 안 서만 니 죽었다."

"서만 팰라고요. 샘 마음 다 압니더."

숨이 찬 가운데 협상은 안 되고 드디어 선생님이 비신사적으로 나왔다. 돌멩이를 집어서 던지기 시작한 것이다.

"샘, 달리기는 지를 몬 이깁니더. 그만 휴전하고 푹새합시더."

한편 이 난리에 2층, 3층, 4층 교실 창문들이 모두 열리고 응원이 시작되었다.

"선생님 이겨라."

"학생 이겨라."

"돌 던지는 사람 퇴학시키라."

"절마 마라톤 선수로 장학금 조라."

"샘도 학교 댕길 때 달리기는 좀 했는 갑다."

"아이다. 데모하면서 돌좀 던졌을 거다."

때 아닌 2인 운동회로 졸음에 젖어 있던 학교가 잠시 적막에서 깨어나고 있었다.

2인 운동회 · 2

때는 1975년 11월 1일 낮 12시, 하늘엔 흰 구름이 드문드문 보였으나 매우 쾌청한 날씨였다. 이날은 대망의 '2인 운동회'가 열리는 날이었다. 주인공은 중년의 40대 두 분 교사였으니 고등학교에서 국어를 가르치시는 서정원 선생님과 중학교에서 실업을 가르치시는 신현흡 선생님이었다. 그 큰 학교 운동장은 고등학교, 중학교 학생 4천여 명으로 가득차서 입추의 여지도 없었다.

2인 운동회가 열린 배경은 알 수 없으나 짐작하건데 누가 먼저 자존심을 건드려 두 사람만의 100미터 경주가 성사된 것 같다. 하지만 오늘의 명승부는 일찌감치 분위기가 무르익어 있었다. 며칠 전부터 수업시간에 들어오신 서 선생님께서는 우리들에게 내심을 털어놓으면서 필사의 각오를 스스로에게 다지고 있었다.

"건방지게 나에게 도전을 해. 그래도 내가 한때는 11초대를 끊었던 사람이야!"

그럴 때마다 우리들은 "그럼요, 샘. 틀림없이 승리합니다." 하고 맞장구를 쳐 조금이라도 더 수업 결손을 유도하곤 했다. 그래서 선생님의 수업이 시작되기 전에 당시로서는 상당히 귀했던 박카스를 매번 교탁 위에 올려 충심으로 승리를 기원해 주었고, 실장은 반을 대표해 수 차례나 선생님의 굳은 어깨를 안마로 풀어주었다.

서 선생님의 매니저 겸 트레이너는 같은 달성 서 씨인 수학과 서덕수 선생님이었다. 국사를 가르치셨던 박순정 선생님의 귀뜸에 의하면 6년 전 '제1회 2인 100미터 경기'에서 서 선생님께서 상대에게 분패하여 속으로 꽁하니 품고 있다가 이번 대리전으로 그 한을 풀려고 한다는 것이었다.

하여튼 두 분 주인공 선생님은 시합 며칠 전부터 운동복 차림으로 출근하는 모습이 학생들에게 확인되어 그 신경전을 짐작할 수 있었다. 더구나 서 선생님은 경기 전날 교사 식당의 메뉴가 소고기를 갈아 넣은 미역국, 깍두기, 마른 명태 무침으로 매우 양호한 편이었음에도 불구하고 영양식을 위해 학교 바깥 식당에 가서 갈비를 뜯었다는 정보도 정설로 알려져 있었다. 반면에 중학교에 근무하는 신 선생님에 대한 정보는 한울타리에 있어도 건물이 멀찍이 떨어져 있어 전해 온 게 없었다.

각설하고 드디어 준비가 끝났다. 서편 운동장 본부석에는 텐트가 들어섰고, 100m라인은 이미 하루 전에 선명하게 그어 놓은 상태였다. 키 185를 자랑하는 임성길 음악 선생님이 대회장을 맡아 합창단 지휘 복장으로 나타났다. 그 육중한 체구에 은빛 나비넥타이가 햇살에 빛났다.

본부석엔 상품도 푸짐하게 쌓였다. 그 중에는 대회 직전에 도착한 문화방송국의 우 사장의 상품이 가장 값져 보였다. 우 사장은 본교를 졸업한 동문이었다.

본 게임 전에 오픈게임이 벌어졌다. 체육교사 대 일반교사의 400m 계주가 남편 운동장에서 열렸다. 승부는 체육교사의 일방적인 승리로 싱겁게 끝이 났다. 물론 일반 교사팀은 체육교사 팀이 팔꿈치로 옆구리를 쳤느니, 바톤 터치 때 진로를 방해했느니 하는 항의를 했으나 일언지하에 묵살되었다.

드디어 12시 48분 11초, 막상막하, 난형난제, 용호상박의 메인 게임이 두 선수의 입장으로 시작되었다. 서편 운동장 남쪽으로부터 중학교 신 선생님의 매니저인 강윤주 선생님이 녹색기를 앞세우고 신 선수를 인도했다. 신 선수는 녹색의 산뜻한 유니폼을 입고 육중한 몸을 흔들며 입장했다. 북쪽에서는 금테 안경을 번쩍이며 'VICTORY 서정원' 이란 구호를 등에 붙인 매니저 서덕수 선생님이 홍색기를 높이 들고 서 선수를 인도하여 본부석 앞까지 육군사관학교 생도처럼 직각보행으로 출전했다.

두 선생님은 사전 약속이라도 하였는지 모자를 벗어 흔들고 미소를 머금으며 V字 사인을 했으나 긴장하는 표정이 역력했다. 두 분 선생님의 모습을 잠깐 설명해 본다면 서정원 선생님은 그야말로 깡마른 체구에 몸무게는 50키로를 넘겼을까 싶었고, 신현흡 선생님은 교기 유도 감독쯤으로 오해할 수 있는 건장한 체구였으니 그 대조적인 모습에 실로 웃음이 나오지 않을 수 없었다.

이어서 교목이신 박훈주 목사님이 "두 선수에게 힘을 더하여 주시고, 이기든 지든 그건 두 분이 알아서 하시되 진정 기쁨을 같이 나누어 가질 수 있게 하며, 두 선수 가정 위에 축복과 만사형통하기"를 기도하였다.

다음은 선수 소개가 있었다. 소개 내용도 다채로워 연령, 부임일자, 근속 연수, 신장, 체중, 심지어 국민학교 다닐 때 100m선수였다는 점은 물론 건강에 바로미터가 된다면서 자녀 수까지 소개되었다.

선수들의 건강진단 순서였다. 실험실에 걸려 있을 법한 흰 가운을 입은 생물 선생님이 양호실에서 가져온 청진기를 귀에 꽂고 온갖 폼을 재면서 선수 앞으로 다가갔다. 그리고는 청진기로 선수들의 이마(열을 재기 위해), 가슴(심장 이상 유무), 허벅지(근육 상태)를 확인해 보더니 "합격", "합격"을 소리 높여 외쳤다.

이어 선수들의 선서가 있었다. 두 선수는 나란히 서서 오른 손을 올리고 "결코 비신사적인 행동을 하지 않을 것과 또 경기가 끝나도 절대 뒷말을 하지 않을 것"을 굳게 선서하였다.

마침내 경기가 시작되었다. 두 선수가 출발선으로 가는 사이 역사와 전통을 자랑하는 학교 악대부가 4분의 4박자로 경쾌하게 '아리랑'을 연주하였다. 흰 양말, 흰 운동화, 흰 반바지에 소매 없는 감청색 러닝을 입은 신 선수는 백넘버 41번을 달았으며, 연두색 양말 홍청색 줄이 있는 운동화, 흰 반바지에 흰 러닝셔츠를 입은 서 선수는 백넘버 111번을 달았다.

본관 바로 앞 출발선에서 두 선수는 골인지점을 노려보며 출발자세를 갖추었다. 서 선수가 두 손을 땅에 짚고 오른발 무릎을 꾼 일반적인 출발자세를 취한데 반해 신 선수는 양팔을 뒤로 빼고 마치 원반 투척 직전 자세로 서 있었다.

드디어 피스톨이 '땅!' 울렸다. 순간 동시에 두 선수의 몸이 튕겨 나갔다. 서 선생님의 손발놀림이 잽싸게 움직여 앞으로 치고 나가는가 싶더니 어느새 신 선생님이 떡메로 땅을 치는 듯한 걸음이 쿵쾅거리며 앞을 치고 나갔다. 탄력을 받은 신 선생님의 몸은 느티나무를 향하는 산돼지 같았으며, 서 선생님의 날렵한 모습은 멀리서 보아도 바람에 날려갈 듯 아슬아슬 위태하였다.

드디어 신 선수의 등과 서 선수의 가슴과의 폭이 약간씩 벌어지더니 골인지점 앞에서는 2, 3m차이가 났다. 승부는 확연히 드러났다. 서정원 선생님의 일그러진 얼굴에는 만감의 표정이 스쳐가면서 허망함을 감추지 못하였다. 대리전으로 한을 풀고자 하던 서덕수 선생님도 자리에 풀썩 주저앉았다. 공식 기록은 14초 3대, 14초 7. 이렇게 하여 장엄한 2인 경기는 끝이 났다.

곧바로 시상이 이어졌는데 각계각층에서 보내온 상품은 승자와 패자의 구분 없이 조금 과장해서 거의 용달차 한 차씩은 되는 듯했다. 가장 궁금했던 문화방송 사장의 상품은 확인된 바는 아니지만 그 당시로는 파격적인 분홍빛 망사 브라팬티 세트로 우리는 알고 있다.

세상의 일이란 알 수가 없는 법이다. 그렇게 건각을 자랑하던 우승자 신현흡 선생님은 그 일이 있은 후 몇 년 지나지 않아서 돌연히 심장마비로 세상을 떠나셨고, 서정원 선생님 역시 교통사고로 보행에 불편함을 느끼게 되었다니 참 세상

일은 모르는 법이다.

　세월이 수십 년이나 흘렀다. 나 역시 교직에 있으면서 가끔 그때 그 시절의 낭만이 너무나도 아련했다. 그리하여 오래 전에 적어놓은 메모를 찾아내어 잠시나마 돌아갈 수 없는 시절을 추억해 보았다.

중심이 그립다

사람들은 나를 보고 목이 한 쪽으로 삐딱하게 기울었다고 한다. 왜 여섯 시 오 분을 넘어 십분 쯤 기울고 있느냐고 묻는다. 그 물음에 나는 중심이 그리워서라고 답을 한다.

내 중심은 원시의 자궁이다. 살면서 중심을 떠나 또 살아 보자고 벼랑 끝까지 밀려와 이제 내 눈은 주변에 익숙하다. 손과 발도 주변에 익숙하다. 주변에 익숙할수록 중심이 그립다.

중심으로 되돌아갈 수 없는 그리움이 오늘도 자꾸만 나의 목을 기울게 한다.

곧은 정신과 열정 그리고 겸손

    나는 백면서생이다. 세상 일에는 별 경험도 관심도 없이 그저 아이들을 가르치던 국어 선생으로 살아왔다.
    아마 1999년이었지 싶다. 대구교대 사회교육원에서 강의 요청이 들어왔다. 시창작반을 운영하고 있는데 시공부가 딱딱하고 재미가 없어 사이사이에 수필 강의를 좀 해달라는 것이었다. 시를 전공했던 나였지만 문학을 가르쳐온 이력으로 또 수필동인으로 이미 이름이 올라 있었기에 여차저차 그 수업을 맡게 되었다.
    그것이 이쪽 내가 살고 있던 지역에서 본격적인 수필강좌의 시작이 되었다. 그 이전에는 일반인을 대상으로 하는 시, 소설창작반은 있어도 수필반이라는 이름으로 개설된 강좌는 없었다. 수필도 배워서 쓰는 것이냐는 분위기가 널리 퍼져 있을 때였으며, 그냥 글쓰기 지도라는 통합과정 속에 어정쩡하게 수필을 조금씩 넣은 강좌는 있었던 것 같다.

어쨌든 수필창작 수업은 재미가 있었다. 당시 사회교육기관의 수업은 조금 느슨한 편이어서 출석만 부르고 몇 마디 떠들다가는 호프집이나 찻집으로 몰려가는 경향이 좀 있었다. 하지만 수업을 맡은 이상 좀 특별나게 진행해 보고 싶었다. 생각해 보면 조선시대 과거를 준비하는 듯, 아니면 고시 공부를 하는 듯, 수필로 무슨 영광을 볼 것이라고 그렇게 목숨을 걸었는지 모르겠다. 그 결과는 달달한 열매로 돌아왔다. 웬만한 공모전을 모두 휩쓸었으며, 어느 해에는 전국 9군데 수필 신춘문예에서 7군데를 차지하기도 했다.

그 무렵에 고민이 생겼다. 수필 창작을 해온 수강생들의 등단과정에서 난제가 불거진 것이었다. "열심히 글을 써라. 좋은 글을 쓰면 수필가로 서로 모셔 간다"고 시간마다 독려했던 것과는 달리 등단을 추천하는 과정에서 조금 과하다 싶은 일이 생겼다.

그때나 지금이나 수필 문예지의 형편을 충분히 이해하고 있었음에도 불구하고 이런저런 부수적인 일들로 중간에 끼어 있던 나까지 순수성을 훼손당하는 일이 생긴 것이다. 그것이 바로 '아, 괜찮은 문예지 하나 만들어야겠구나' 하고 생각하는 계기가 되었다.

　거기다가 청탁을 받고 보낸 작품의 뒷부분이 뭉텅 잘린 채 수록되어 나온 일까지 있었다. 도무지 이해할 수 없는 일이어서 담당자에게 문의를 해보았더니 쪽수가 넘어가는 원고는 중간에 자를 수 있다는 회신이 왔다. 그냥 편집과정의 실수라는 답을 듣고 싶었던 나로서는 여간 실망스러운 일이 아니었다. 그 후로 몇 년 간 머릿속은 온통 문예지 창간 생각으로 가득했다. 결국 열정 하나로 책을 만들어 보기로 했다.

　우선 창간 정신을 세 가지로 정리했다. 첫째, 수필교과서가 되어야 한다. 훌륭한 작품 수록은 물론이거니와 기존 수필가와 예비문인들을 위한 이론적 토양이 되어야 한다는 생각이 앞섰다. 그 무렵에 수필지가 일여덟 개 있었다. 모두들 제 역할을 다하고 있는 훌륭한 문예지임에도 불구하고 출신들 중심의 동인지 성격이 강했던 것으로 기억이 된다.

　둘째는 책을 만드는 사람보다 수필가가 귀한 대접을 받는 문예지가 되어야 한다는 생각이었다. 지금이야 워낙 많은 문예지가 있어서 수필가들이 골라서 원고를 보내는 형편이 되었지만 등단을 위해, 작품 한 편을 수록하기 위해 줄을 서서 기다려야 했던 때였다. 아무리 그래도 문예지의 지면은 글을 쓰는 사람이 주인이 되고, 놀이터가 되어야 하지 않는가.

　셋째, 소수 정예의 신인을 배출하는 것이다. 일 년에 한두 명의 신인을 엄정하게 선발하자. 정말 일당백의 수필전사를 수필문단에 출격시켜보자 하는 생각이었다. 그러기 위해 반드시 다섯 편 이상의 응모작을 받고 다섯 편 이상의 등단작을 싣기로 했으며, 문단에 첫발을 내딛는 이들에게 평생 동안 자부심을 갖도록 원고료를 주기로 했다. 그리하여 지난 13년 동안 수필세계 50호를 통해 등단한 신인은 38명에 불과했다.

　그 동안 많은 분들의 조언이 있었다. 신인 선발을 대폭 늘려야 모지인 수필세계가 힘을 얻는다는 말씀도 있었다. 하지만 내 기준으로는 어려운 일이었다. 신인 한 명을 배출하는 데는 돈이 제법 들었다. 등단 원고료를 지급하고, 심사와 심사평을 의뢰하고, 등단패를 만들고, 축하 꽃다발을 주기 위해서 대략 백만 원의 돈이 들어갔다.

　사실 지금도 모르겠다. 이런 생각들이 백면서생의 철없는 순진한 생각이었는지는 아직도 모르겠다. 어쨌든 수필교과서를 만들겠다는 심정으로, 책을 만드는 사람보다 글을 쓰는 사람이 더없이 귀하다는 겸손한 마음으로, 타장르의 신예들과도 충분히 겨룰 수 있는 수필전사를 배출한다는 소명감으로, 2004년 여름 계간 『수필세계』를 창간했다. 그리고 창간사를 이렇게 썼다.

산문散文의 시대다. 역사의 거대한 수레바퀴가 원심력을 가지고 단방향으로 질주하면서 산문의 시대를 열어 놓았다.
오늘날의 수필문학은 이 기름진 토양 위에서 종횡으로 확산을 거듭하면서 그야말로 풍요를 누리고 있다. 그러나 엄밀히 그 내면을 들여다보면 자족에만 빠져 있을 일이 아니다. 장르의 명칭조차도 명확히 정립하지 못한 현실에다 본격 수필문학으로서 형식과 내용의 범주를 넓히고 좁히는 일도 당면한 과제이다. 더구나 중심문학으로의 진입에는 아직까지도 다양한 역량을 요구받고 있다. 이에 계간 『수필세계』는 2004년 여름, 문학에 대한 올곧은 정신과 열정으로 창간의 기치를 든다.
『수필세계』는 '시도하다, 모색하다' 라는 수필의 어원에 충실하고자 한다. 새로움의 추구는 늘 장점만 있는 것은 아니지만, 가치 있는 일임에 틀림없다. 예컨대, 문학이 체험과 상상의 절묘한 용해 속에서 그 문학성을 확보한다고 할 때 수필이 체험의 소산에만 깊이 천착할 일이 아니라 체험을 만들어 가는 상상을 포용하는 것도 의미 있는 일일 것이다.
한편으로는 그 어원 속에 '다시 추구해 보다' 라는 의미도 내포하고 있음을 간과하지 않을 것이다. 그런 의미에서

『수필세계』는 수필 문학의 전통성을 온전히 계승하고자 한다. 연암燕巖과 형암炯庵으로부터 근대 수필이 자리잡은 1930년대를 거쳐 오늘에 이르기까지 선배 수필가들이 이룩해 놓은 업적을 탐구하며 계승하는 노력을 게을리 하지 않을 것이다.

또한 『수필세계』는 시대문화를 관통하는 비범한 눈으로 역량 높은 작품을 창작하는 신예들에게 누구보다도 따사로운 시선을 보낼 것이다. 오늘의 수필을 이어받아 내일의 수필을 열어 갈 책임과 권리가 바로 그들에게 있기 때문이다.

수필이 어떠한 장르보다 사람의 문학임은 주지의 사실이다. 변화한 세계화 시대에 우리의 수필이 얕고 좁은 시선을 고집할 필요가 어디 있겠는가. 세계의 문학, 세계의 수필과의 활발한 만남은 우리의 문화적 역량 제고에도 이바지할 것이다.

『수필세계』의 이러한 소망들을 궁벽한 지역의 蝸室에서 꿈꾼다고 스스로 위축되지 않을 것이다. 수필에 살고 수필에 죽는 隨生隨死의 열정과 문학정신이 險峻高嶺을 넘게 할 것이다. 더구나 책을 만드는 사람보다 글을 쓰는 사람이 더 없이 존귀하다는, 한없이 겸손한 마음을 잊지 않는 한 따사로운 손길들이 등을 어루만져 주리라 믿는다.

사실, 수필세계의 창간사를 지금 말하는 것은 부끄럽고

외람된 일이다. 5년 후, 10년 후, 아니 더 먼 훗날에 조촐한 자리가 마련된다면 그때 박수로써 창간의 의의를 평가받고 싶다.

수필발전소를 꿈꾸며

　한국수필문학관이 건립되었다. 우리나라에는 아직 시문학관이나 소설문학관, 시조문학관 등 개별 장르의 문학관이 없다. 그러니까 이번에 대구에서 개관한 수필문학관이 최초의 개별 장르 문학관이 되는 셈이다. 이 놀랍고도 당황스러운 사실이 우리를 되돌아보게 하고 또한 수필문학관의 건립을 자축하게 한다.
　수필문학관 건립에 대한 구체적인 논의는 지난 2004년도에 있었다. 문예지 계간 수필세계 창간식에서 수필문학관의 필요성에 대한 이야기가 있었다. 작은 규모의 수필 행사이건 전국적인 수필 행사이건 호텔이나 사회시설, 종교시설을 빌려서 해야 하니 남 보기도 그렇고 경비도 적지 않게 들어

갔다. 그래서 아담한 수필공간이 있었으면 하는 말이 씨가 되었다. 해를 거듭할수록 수필인구는 늘어 가는데 수필자료를 수합하고 보관해야 할 곳도 있지 않겠느냐 하는 말도 있었다. 그래서 10년 뒤에는 이런 행사를 수필문학관에서 하자는데 뜻을 같이 했다.

하지만 시간만 흘러갔다. 수필문학관이라면 아무래도 서울에 있는 것이 좋겠다고 생각했지만 별 소식이 없었다. 답답해서 "대구에서 추진해 볼까요?" 해도 무반응들이었다.

말의 씨를 뿌렸는데도 실천하지 않는 것은 도리와 이치가 아니라는 생각에 만 십 년째인 2014년 여름에 문학관 부지를 구입했다. 그리고 2년 동안의 준비 끝에 세 칸 집이지만 문을 열었다.

수필문학관은 대구시 중구 봉산동 근대골목길인 향교 정문 앞에 아담하게 서 있다. 부지 580㎡에 연면적 660㎡로 본관 3층과 별관 2층으로 구성되어 있다. 본관에는 다양한 공연 · 전시 · 출판 등의 행사가 가능한 세미나실과 수필자료실, 다목적 강의실이 들어서 있다. 별관에는 중요자료실, 행사 준비실 등이 마련되어 있다.

사실 수필문학관을 건립하고 나서 이런 저런 아쉬움이 컸다. 공공기관이나 큰 문학단체에서 이 사업을 추진하였더라면 외형이나 내면에서 훨씬 번듯했을 터인데 개인이 추진하다보니 확장성에 제한이 따를 수밖에 없었다. 다 짓고 나서야 수필이니, 시니, 소설이니 하는 이 포괄적이고 특정 대상을 두지 않는 문학관을 누구 하나 앞장서 세우자고 나설 사람이 없었던 이유를 깨달았다. 대충 짐작은 했지만 경제성이 전무하였다.

수필문학관은 일반적으로 수필 확산을 위한 전시의 기능, 자료의 발굴과 보존, 그리고 강학의 역할을 가져야 한다는 생각을 하는 사람이 많을 것이다. 이에 세미나실에서는 작고한 문인을 비롯하여 현재 왕성하게 창작활동을 하고 있는 수필가의 현황을 전시형태로 보여주고, 그들의 작품을 집중 조명하는 행사를 수시로 개최할 계획을 가지고 있다.

자료실에서는 수필 관련 고서 발굴은 물론 매년 발간되는 문예지와 작품집 등 각종 행사 자료를 수집 보존하여 공유할 계획이다. 수필 자료들을 어디엔가 모아두어야 하겠기에 문학관이 그 데이터베이스의 역할을 맡고자 하는 것이다. 개관전을 위해 전국에 있는 수필단체의 작품집을 수집하였다. 특히 60여 곳 문학회의 창간호를 기증받아 전시하였다. 다목적 강의실을 마련한 것은 비단 문학 관련 강의뿐만 아니라 인접 문화예술 프로그램들이 이곳에 수시로 펼쳐지게 함으로써 수필과 어우러지게 하고자 하는 소망 때문이다.

비록 협소하기 그지없는 공간이지만 건립을 위해 격려해

준 사람이 많다. 개인이 문학관을 지었다고는 하나 전국 각지에서 따뜻한 후원의 손길이 있었고, 그보다 훨씬 많은 이들의 격려와 걱정과 자문이 있었다.

특히 발 벗고 나서서 자료를 수집하여 보내준 전국의 수필 가족들에게 고개 숙여 진심으로 감사의 마음을 전한다. 이 작은 문학관이 각지의 문인들이 즐겁게 들어와서 머물고, 그리고 무언가 남기고 가는 수필발전소가 될 때에 비로소 규모는 작지만 품 넓은 문학관으로 쓰일 것이라 믿는다.

아직은 첫 걸음이다. 짓는 것보다 유지하는 것이 어렵다는 문단 선배님들의 말씀을 늘 상기할 것이다.

■ 작품론

홍억선의 '수필세계'로 가는 길

박양근 (문학평론가, 부경대 교수)

찾아가는 길

평자가 홍억선 수필가를 만난 때는 2004년 5월 하얀 아카시아가 피어나던 봄날이었다. 그는 나에게 『수필세계』 창간에 대한 의견을 물었다. 그전에도 이런저런 모임에서 본 적이 있지만 그날 내가 지켜본 결기어린 표정은 지금도 잊지 못한다. 작가 자신의 말대로 시골 문인의 풍모였지만 문학에 대한 열정과 각오는 열혈지사 같은 문학청년의 것이었다. 그런 차이를 외유내강이라고 부르는지 모르지만 문학에 대한 열정은 바다를 항해하는 범선의 깃발 같았다.

그의 설명을 들으면서 그 과업을 감당할 수 있을까 반신반의하였다. 솔직히 그건 나만의 걱정이 아니었을 것이다. 한국수필의 봉화를 올리겠다는 꿈이야 누군들 못하는가. 5년쯤이 지나면서 나의 짐작이 틀렸다는 걸 인정했다. 홍억선 작가는 전례 없는 계획을 세우고 굴하지 않은 실천력으로 매년 한국수필계에 경이로운 충격을 불어넣지 않는가. 그리고 지금도 그 과업은 계속되고 있다.

나는 홍억선 수필가를 볼 때마다 그때의 내 짐작이 잘못이었음을 행복해한다. 그런 행복을 맛보는 것이 어디 쉬운가. 다음에는 무엇으로 주변 수필가들을 놀라게 해주려 할까 은근히 기다려진다. 지칠 줄 모르는 수필사랑이라는 힘의 정체가 부러움 반, 놀라움 반 속에 궁금해지기도 한다. 그 의문에 화답이라도 하듯이 이번에는 수필집『꽃그늘에 숨어 얼굴을 붉히다』를 상재하였다.

홍억선 작가는 한국수필 아이콘 중의 하나이다. 그의 수필운동은 한국수필의 발전과 등식을 이루고 항상 당위성을 지닌 방향을 제시한다. 수필에 대한 불변의 애정과 온화한 인품은 더욱 경탄스럽다.

1장 : 꽃그늘에서 화령별곡까지

수필인 홍억선의 삶은 소백산 자락 예천 시골에서 시작한다. 초등학교 시절부터 한국문학관을 건립할 때까지의 행적을 색깔로 표현하면 푸른 보리밭, 흰 감자꽃, 붉은 문학애愛로 요약할 수 있다. 초등학교 시절에는 푸른 강물과 푸른 보리밭둑을 달음박질하면서 자연의 순수한 아름다움을 가슴속에 담았고 곰팡내 가득한 학교 도서실에서 밤늦도록 문학적 소양을 연마하였다. 반드시 글을 쓰는 사람이 되겠다는 그의 푸른 꿈은 마침내 한국수필을 역동적으로 발전시키는 현실을 이루었다.

유년시절 푸른 꿈의 이미지는 대구로 유학 오면서 흰 감자꽃으로 바뀐다. 그에게 흰 감자꽃은 쓸쓸함과 외로움의 상징이다. "앉은뱅이책상을 등에 메고 책 보따리를 양손에 든" 열서너 살 시골 소년이 출향하는 모습은 과거를 보기 위해 한양으로 떠나는 시골 선비를 연상시켜준다. 그에게 고향을 떠나는 시점은 문학의 세계로 들어서는 시작이다. 외딴 간이역에 핀 그때의 감자꽃은 얼마나 희던가. 자취 골방에서 세계 문호와 대면하는 때이든, 어두운 밤길을 걸어 고향집을 갈 때이든 그의 발길을 등불처럼 밝혀준 것이 하얗게 핀 감자꽃이다. 홍억선의 수필에 깔려 있는 감성은 사춘기 시절부터 피어난다. 30년 가까이 서정적인 문장과 인간애를 초심으로 지키는 저력도 푸른 보리밭과 하얀 감자꽃이 지닌 향토성에 근거를 둔다.

스무 살 이후의 청춘시절은 문학에 대한 풋사랑으로 점철된다. 어긋나기 쉬운 청춘이었지만 '억선億善'이라는 이름이 지닌 짐에서 벗어날 수 없었다. "나는 억수로 착하게 살려고 노력하였다."는 다짐은 착함과 성실함이 그의 초점언어임을 보여준다. 문학에 대한 애정도 마찬가지다. "꽃그늘에 숨어 얼굴을 붉히다"라는 색조는 정제되지 않은 격정이 아니라 원숙한 인간이 지니는 수줍음과 겸손함의 빛이다. 곁에서 보면 그는 칭찬을 받아도 얼굴이 붉어지고, 문학이라는 말만 들어도 온몸이 붉어진다. 자기겸손과 수필을 향한 단심이 그의 생명줄임을 자각하기 때문이다.

홍억선의 문학은 대학문학상을 수상한 후 교수의 부름에 따라 대학 연구동을 찾아갔을 때 약진의 계기를 마련한다. 그는 연구동의 붉은 담벼락을 기어오르는 푸른 담쟁이덩굴을 놓치지 않았다. 물도 흙도 없는 붉은 벽을 타고 오르는 푸른 담쟁이는 그의 문학적 화신化身으로서 문학에 대한 목마름의 표상이었다.

홍억선의 문학적 정체성을 이해하려면 "푸른 보리밭둑, 곰팡내 가득한 도서실, 밤길의 하얀 감자꽃, 담쟁이덩굴로 덮인 붉은 벽돌"에 담긴 공통점을 살필 필요가 있다. 그것들은 강하면서도 부드럽고, 유연하면서도 탄탄한 심기로 이루어져있다. 교직의 꽃인 교장으로 승진하였을 지라도, 아내와 가족이 곁에 있을지라도, 그의 뿌리는 수필이다. 그가 만일 나무라면 가지, 잎조차 수필뿐이라고 말할 수 있다.

30년 교직 생활을 반추하는 작품으로 「참회」가 있다. 20대의 그는 패기와 승부욕으로 우수교사라는 타이틀을 얻었지만 지금도 뇌리에서 떠나지 않는 교사로서의 자화상의 제목은 '참회'라는 두 글자이다. 결석 없는 반을 만들기 위해 한 학생의 삶을 소홀히 했었던 죄책감을 잊을 수 없다. 이것은 열성이 빚어낸 과오이지만 달리 살펴보면 매사에 얼마나 최선을 다했는가를 보여주는 예이기도 하다. 아무튼 그때의 잘못은 가야할 길을 헤맬 때마다 개인적 욕심이 아닌 대의와 명분을 찾는 나침반으로 작용한다.

개인적 일상사에서도 그의 인품이 드러난다. 문예지 발간, 문학 강연, 행사 기획, 문학관 운영 등으로 동분서주하는 모습은 시와 소설로 위축된 수필을 위한 독립운동을 하는 인상을 받는다. 당연히 가정생활에서도 초탈하려 하지만 인간적인 그는 가장의 책무에서 완전히 벗어날 수 없다.

「미안하지 않다」는 집안에서의 갈등을 고스란히 보여준다. "문학만 안 하면 우리는 불행 끝 행복 시작"이라는 아내의 호소는 해학적이다 못해 연민이 넘쳐난다. 그 투정을 들을 때면 눈시울이 젖어들지만 수필이 그에게는 생명과 같으므로 어쩔 수 없다. 아내의 반격은 작가가 어찌하다가 일찍 집으로 들어왔을 때 더 늦게 들어오는 것으로 나타난다. 작가는 우연찮게 들킨 상대방의 빈틈에서 "오늘은 아내에게 조금도 미안하지 않다"는 소시민적인 자기위안을 찾는다. 푸른 보리밭둑을 달리느라 얼굴을 붉혔던 홍억선은 오히려 아내 앞에서 얼굴을 붉힌다. 그 붉힘은 자신에게 정직하다는 양심의 표정이다. 글을 쓰는 사람이 되겠다는 소망을 어떤 경우에도 포기할 수 없지만 인간적인 면을 감출 수 없는 그의 심성을 여기서 엿볼 수 있다.

적백청赤白靑은 소년시절부터 지금까지 그의 삶과 문학을 대변하는 3원색이다. 문학에게 바치는 정갈한 헌신의 빛이기도 하다. 성냥을 그을 때 어둠을 밝히는 불꽃이 적백청이 아닌가. 많은 문학지 도반이 그를 따르는 이유도 작가의 명성을 빌리기 위해서가 아니라 그의 문학적 혼을 본받기 위한 것임은 말할 필요가 없다.

2장 : 진실의 실존을 만들며

홍억선에게 수필은 진실 자체이다. 어떤 시련에 부딪혀도 빈틈을 허락하지 않는 견고한 성채 같다. 수필은 생각 이상으로 해체와 통합이 자유분방하게 허용되는 심미적 공간이다. 그가 수필을 선택한 이유도 삶을 바탕으로 한 문학적 상상의 자유가 허락되기 때문일 것이다. 그래서 그는 거듭 진실만이 수필쓰기의 몸가짐이라고 강조한다.

> 수필은 진실 없이는 단 한 줄도 풀어나갈 수 없는 문학이다. 설사 남을 속일 수 있다 해도 자신은 속일 수 없는 작업이 수필쓰기이다. 나는 착하게 살아가겠다는 나와의 약속을 세상에 공표하기 위해, 그 맹세를 배반하지 않는 마음으로 수필을 쓴다. 그지없이 착하게 살아야 한다는 억선의 약속은 오직 수필이라는 장르만이 수용할 수 있다.
> 　　　　　　　　　　　　　　　　　　- 「앙띠 에세이」 일부

홍억선 수필은 "유년의 푸른 빛"과 "금모래빛 언어"로 직조된다. 그는 기록과 표현이 얼마나 중요한가를 역사를 빌어 설명한다. 그 인과성은 「어느 패장을 위한 변명」에 적혀 있다. 이순신과 원균을 비교할 때 이순신이 역사의 영웅으로 남은 계기는 『난중

일기』를 남겼기 때문이라는 것이다. 그렇다면 공적 기록처럼 개인 기록도 "시공을 초월하여 개인과 사회의 실존"을 확인해주는 기능을 허락받는다.

 기록 정신은 "표출의 욕구"에서 거듭 강조된다. 작가는 학창시절부터 문인은 시대를 앞서가는 선지자이고 "꿈을 열어가는 계몽자"임을 깨달았다. 문학이 깨침의 도구임을 자각하였다. 이런 사실은 그가 수필 지망자들에게 학생을 대하듯 열정을 쏟는 이유를 설명해준다. 그 점에서 『수필세계』를 발행하는 일은 그의 아바타를 배출하는 효과를 지닌다. 어쩌면 그는 가능한 많은 아바타를 배출하여 수필에 의한 이상사회를 구현하려는 것인지도 모르겠다.

> 문학이란 무엇일까. 윗세대의 문인들이 감동과 깨우침이라는 문학의 원론에 입각하여 우리들에게 지식과 지혜로써 삶의 가치를 교술 하고, 권고하였다면 이제 토해내지 않고는 견딜 수 없는 각혈과 같은 표출의 욕구들이 문학의 내용을 풍요롭게 하고 있다. 그것이 자기 자신의 치료이고, 정화라 불리어도 고무적이고 환영 받을 일이 아닐 수 없다.
> - 「표출의 욕구」 일부

「표출의 욕구」에서 제시되는 작가정신을 요약하는 키워드는 '감동, 지혜, 욕구, 정화'이다. 이 네 요소가 홍억선이 생각하는 수필의 목적을 제시해준다면 「겨울나무」는 그가 감수성을 얼마나 중요시 여기는가를 보여준다.

나의 문학적 감각은 왜 이렇게 민첩하지 못하는 것일까. 나의 눈은 왜 이렇게 먼 곳에 어두운 것일까. 나의 입은 왜 이렇게 향기로운 말 속에 인색한 것일까. 나의 가슴은 왜 이렇게 옹졸하여 많은 것을 담지 못할까. 나의 팔다리는 왜 이렇게 짧아 걸음을 더디게 하는 것일까. 그리하여 집으로 돌아오는 길은 한없이 쓸쓸할 수밖에 없었다. 그런 나의 모습이 그 분의 눈에 무척 측은하게 보였을 지도 모르겠다.

- 「겨울나무」 일부

문학 앞에 서면 홍억선은 무력해지고 감각이 둔해진다고 고백한다. 우리가 진정 누구 앞에서 작아지며 그렇게 되는가? 그것은 종교적 절대자와 미적 대상으로서 예술이다. '그 분 앞에 있는 나의 모습'으로 화산처럼 분출하는 문학적 욕망을 탄식하는 작가는 문학세계로 나아가려는 지난한 몸부림을 고스란히 드러낸다.

그의 문학 활동은 한국 수필과 상관성을 맺는다. 『수필세계』를 창간하고, 수필을 학문적으로 연구하고, 지역문단의 중책을 맡고, 수필창작 대학을 곳곳에 개설하고, 마침내 한국수필문학관을 개관하였다. 그 과정은 보람이 있지만 외롭고 힘겨운 게 사실이다. 때때로 "이미 잎이 무성해진 푸른 나무" 같은 문학 동지를 만나기를 원하지만 「겨울나무」가 은유하듯이 자신만이 그 나무일 따름이다. 자연속의 나무는 봄철이든 겨울이든 본연의 자세를 잊지 않는다. 그가 바로 홍억선 작가이다.

문인으로서 그의 일상은 엿볼 수 있는 작품도 읽을 만하다. 가수들이 연습하는 모습을 지켜보며 자신의 창작세계를 반성하는

「리허설」, 타계한 백산 선생의 인품과 기타 솜씨를 회상하는 「백산 선생」, 사랑과 문학의 발자취를 남긴 백석에 관한 이야기인 「통영」, 암으로 세상을 떠난 수필가를 추모하는 「어느 수필가와의 이별」 등은 문인들 사이를 지나온 아름답고도 슬픈 추억들이다.

문학은 인간을 위로해준다. 인간다운 인간과의 교감도 깊게 해준다. 사람을 사랑할 수 있는 유일한 길이 문학이라고 확신하는 그에게는 보통사람이 이해하기 어려운 무엇이 있다. 그것은 "그렇게까지 할 필요가 없는 것을 그렇게 하는" 불광불급不狂不及의 원리이다. 때로는 구설수에 휘말리지만 '별놈의 짓'을 다 한다. '별놈'이란 누군가. 별나게 행동하는 사람이 아니라 캄캄한 밤을 밝히는 별다운 사람이다. 평자는 홍억선을 볼 때마다 그런 별을 떠올린다.

3장 : 징검다리 위에서

작가로서 홍억선은 두 개의 둑을 잇는 징검다리 위에 서 있다. 한쪽이 문학 세계라면 다른 쪽은 삶의 세상이다. 징검다리는 수필을 통해서만 이루어지는 그의 문학적 변신을 볼 수 있는 공감이다. 그에게 변신은 외형과 영혼을 함께 바꾸는 재생으로서 '작가되기'이다. 「삶의 징검다리」는 교만과 아집조차 기꺼이 드러내는 인간에 대한 연민의 애정을 표현한다. 「나는 나를 모른다」는 풍자형식으로 자신의 약점을 진술하게 밝힌다. 그는 30대 중반까지 키가 작고 딸아이가 없는 반쪽 아비라는 결점을 인지하지 못하였다. 누구든 자신의 신체와 가족은 등잔 밑 같아서 그 장단점을 쉽게 알 수 없다. 홍억선도 마찬가지다. "나는 나를 모른다"라는 그의 고해는 "너 자신을 알라"라는 그리스 철학을 패러디한 문구로 볼 수 있다.

뿐만 아니라 홍억선은 "나는 부자다"라고 종종 말한다. 문예 잡지를 출판하면 돈이 꽤 들 텐데 자금 출처가 무엇인지 주변사람들이 궁금하게 여길 때 묵묵히 침묵을 지키면서 회자된 말이다. 그 초연한 무반응이 깔린 「나는 부자다」의 주제는 "돈이 없다고 티를 내봐야 나만 손해 본다"는 것이다. 본인의 억하심정과 상관없이 가진 자들에게 아부하는 세태를 비판한다. 얼마를 가져야 부자인가라는 조건은 딱히 정할 수 없다. 백만 원이 있어도 부자이고 십억이 있어도 가난하다. 그래서 작가는 "애매하게 한번 씨익 웃어" 보여주는 여유가 부자의 진정한 조건이라는 것이다.

무소유 개념도 그에게는 남다르게 풀이된다. 무소유는 소유를 전제를 하므로 신선한 감동을 주지 못한다. 참된 무소유는 없음이 아니라 있음을 어떻게 받아들이는가에 좌우된다고 생각한다. 이런 견해를 모티프로 삼은 글이 「아름다운 소유」와 「물신」과 「목욕탕에서」이다. 돈의 위력과 인간의 초라함을 대비시킨 글이 「물신」이라면 물욕에 대한 집착을 노출시킨 「목욕탕에서」는 사람이라면 누구나 가진 물욕을 건드린다. 목욕탕은 '알몸이 되는 묘미'와 가벼운 안식을 느낄 수 있는 곳이지만 목욕을 마치면 다시 옷과 열쇠 꾸러미를 찾는다. 비움으로써의 알몸과 채움으로써의 열쇠 꾸러미를 함께 소유하려는 이기심을 고발한 사회관이 돋보이는 작품이다.

홍억선 수필 읽기의 묘미는 삶을 해학적으로 다룬 작품에서 더욱 빛을 낸다. 「안민가」에서는 국화주 한 잔을 앞에 두고 세상을 호쾌하게 읊어내는 벽촌의 우부愚夫가 화자로 등장한다. 순박한 농부인 화자는 분수를 모르는 속세의 인간과 "군君이 군君답고 신臣이 신臣답지 못한 세상"을 개탄하는 내용으로서 태평성대를 꿈꾸는 작가의 소망을 행간에서 엿볼 수 있다.

「꽃재할매」와 「화령별곡」은 삶에 대한 인간의 욕망을 그려낸 작품이다. 전자가 구순(九旬) 노인의 사투리 조 독백을 빌어 삶에 대한 노욕을 드러낸다면 후자는 죽은 화자를 등장시켜 파란만장했던 생전의 시절을 회상하는 이야기이다. 고령의 노인과 늙은 유령을 화자로 등장시킨 점, 사투리 투의 넋두리를 내적 독백으로 발전시킨 문체, 삶에 대한 욕망과 초탈의 대조, 저승을 경계로 한 생의 화두 등은 기존의 수필에서 찾을 수 없는 실험적 기법에 속한다. 늙음과 뒷방신세를 한탄하는 '꽃재할매'는 언덕에 올라 마을을 내려다보면서 "세월은 어찌 이리 쏘아놓은 화살 같은가"라고 주절댄다. 산 밑 마을에 살고 있는 자식들에게 "다리 아픈 약을 지어 올려라"는 부탁은 해학의 절창이라 할 만하다. 이 시점에서

독자들은 죽음조차 웃음으로 받아들이고 싶은 여유를 얻는다.

궁벽한 시골 태생의 사자(死者)가 읊는 인생 추억담으로서「화령별곡」은 홍억선 수필의 해학미를 보여주는 결정판이다. "산으로 거처를 옮긴 지도 벌써 십 수 년이 흘렀다"라는 독백처럼 사자 死者가 되기까지의 생시를 회고하는 줄거리로 엮어진다. 화자는 "당쟁에 밀려 화령에 터를 잡은" 입향부터 배필을 맞이하고 후손을 번식시킨 시절을 더듬는다. 동생이 일찍 죽는 비운도 맛보고 반려자가 어서 빨리 산(죽음)으로 오기를 기다리는 등 무덤에서의 세월을 절절히 토해낸다. 젊은 몸으로 일구었던 옥답이 비행장으로 바뀌어 버리고 자신도 화물차에 받혀 생을 마감했다는 신세타령은 창으로 듣는 듯한 청각 효과를 지닌다.

두 작품은 누구에게나 생로병사는 피할 수 없다는 인간 조건을 담고 있다. 그러면서 "이승처럼 저승의 세계도 살아 갈만한 곳"이라는 낙천주의는 홍억선 수필의 또 다른 일면을 대변한다. 작가도『수필세계』는 "터를 잡고 누웠으면 살만한 세상"이므로 굳이 수필적 책무에서 벗어나려 하지 않는다. 이것이 문학과 인생 사이에 놓인 징검다리 위에 서 있는 홍억선의 모습이라고 하겠다.

뒤돌아보는 길

홍억선의 문학적 신원은 다채롭다. 수필작가, 잡지 발행인, 수필 강사, 문학관 관장, 수필 연구가 등의 활동분야는 그가 어떤 삶을 영위하가를 뒷받침해준다. 이러한 호칭은 그가 수필을 개인적 꿈의 대상이 아니라 한국수필의 격을 높이려 한 노력의 결실에 해당한다. 무엇보다 '수생수사隨生隨死'라는 신조어가 유행하는 시대이지만 그는 그런 인생을 마다하지 않는 수필문학 운동가로 인정받고 있다.

  수필집 『꽃그늘에 숨어 얼굴을 붉히다』는 이러한 이념과 실천의 성과를 밝혀준다. 수필에 대해서는 진솔하게, 자신에게는 연민의 어조와 해학으로 수필의 길을 담아내었다. 무엇보다 그의 작품세계와 성품과 수필관이 일치한다는 점에서 『꽃그늘에 숨어 얼굴을 붉히다』는 작가적 분신이기도 하다. 홍억선 작가는 수필적 성취를 이룰 때면 수차례나 얼굴을 붉혔듯이 본 작품집을 상재하면서 또한 얼굴을 붉힐 것이다. 이번에는 수줍음과 부끄러움에서 비롯된 붉힘이 아니라 또 하나의 수필의 길을 열었다는 회심의 미소에서 배어나오는 홍조이기를 바란다.

수필세계 작가선 | 033
꽃그늘에 숨어 얼굴을 붉히다

ⓒ 홍억선 2016

인쇄일 | 2016년 12월 1일
발행일 | 2016년 12월 5일

지은이 | 홍억선
발행인 | 이유희
편집인 | 이숙희
발행처 | 수필세계사

출판등록 2011. 2. 16(제2011-000007호)
41958 대구광역시 중구 명륜로 23길 2
TEL (053)746-4321   FAX (053)792-8181
E-mail / essaynara@hanmail.net

값 12,000원
ISBN 979-11-85448-33-6 03810

　*이 책의 판권은 지은이와 수필세계사에 있습니다.
　　양측의 서면 동의 없는 무단 전재 및 복제를 금합니다.